Nordrhein-Westfalen

Doppel-Klick 7

Differenzierende Ausgabe

Das Arbeitsheft Plus

Erarbeitet von
Grit Adam, Werner Bentin, Kathleen Breitkopf,
Ulrich Deters, Dirk Hergesell, Werner Roose,
Jutta Schindler, Rainer Schremb, Melinda Widmann,
Britta Wurst

Unter Beratung von
Andrea Brambach-Becker, Andrea Hüttig und
August-Bernhard Jacobs

Cornelsen

Inhaltsverzeichnis

Arbeitstechniken findest du in den Klappen und auf der vorderen inneren Umschlagseite.

Z Hier findest du zusätzliche Aufgaben zum Weiterarbeiten.

Die Aufgabentypen
Mit den Übungen und Aufgaben dieses Arbeitsheftes werden die schriftlichen Aufgabentypen des Kernlehrplanes erarbeitet; insbesondere:

Schriftlicher Aufgabentyp 2 a) und b):
Auf der Basis von Materialien oder Beobachtungen beschreiben
➤ S. 22–27, 92

Schriftlicher Aufgabentyp 3:
Eine Argumentation zu einem Sachverhalt verfassen
➤ S. 28–33, 93

Schriftlicher Aufgabentyp 4 a):
Literarische Texte aufgabengeleitet untersuchen
➤ S. 34–43

Schriftlicher Aufgabentyp 4 b):
Sachtexte fragengeleitet und aufgabengeleitet untersuchen
➤ S. 4–7, 10–21, 86–89

Schriftlicher Aufgabentyp 5:
Texte nach vorgegebenen Kriterien überarbeiten
➤ S. 17, 21, 24, 27, 31, 33, 92–93

Schriftlicher Aufgabentyp 6:
Texte nach Textmustern verfassen
➤ S. 41, 43

Der Textknacker

Dieser Sachtext berichtet von der Verwirklichung eines Lebenstraumes. Der Textknacker hilft dir beim Lesen; nach dem Lesen sollst du eine Zusammenfassung schreiben.

➤ Die Arbeitstechnik „Der Textknacker" findest du in der vorderen Klappe.

Bilder und Überschrift verraten dir etwas über das Thema.

Textknacker Schritt 1:
Vor dem Lesen
- Bilder
- Überschrift
- Form

1 Schreibe zu jedem Bild einen Satz in dein Heft.

2 **a.** Lies die Überschrift.
b. Schreibe auf, worum es in dem Text vermutlich geht. Begründe deine Vermutung. Schreibe in dein Heft

Starthilfe
Ich vermute, dass in dem Text ...

Du überfliegst den Text.

Textknacker Schritt 2:
Den Text überfliegen
- Was fällt dir auf?
- Was kennst du schon?

3 **a.** Lies in den ersten zwei Absätzen die markierten Wörter und Wortgruppen.
b. Decke den Text ab. Woran erinnerst du dich? Schreibe die Wörter und Wortgruppen in dein Heft.

4 **a.** Überfliege die weiteren sechs Absätze des Textes. Zeichne die Bewegung deiner Augen mit einer Bleistiftlinie im Text nach.
b. Was fällt dir auf? Was kennst du schon? Markiere entlang deiner Linie wichtige Wörter mit Bleistift.
c. Decke den Text ab und verfahre wie in Aufgabe 3 b.

Weltreise mit dem Solartaxi Scarlet Löhrke

1 | *Louis Palmers Idee*

In Deutschland werden gerade mal drei Prozent des Stroms aus **Solarenergie** erzeugt. Doch was noch nicht ist, wird werden. Und das liegt auch an Leuten wie Louis Palmer. Er möchte der Welt zeigen, dass die Zeit bereits reif ist für die Solarenergie – und zwar da, wo es keiner erwartet: beim Auto. Mit einem **Solarmobil** möchte er nicht weniger als die individuelle Mobilität neu erfinden: **CO_2[1]-Ausstoß** gleich null.

___ | ___

Nur mit der Kraft der Sonne als Antrieb um die Welt fahren – dieser **Kindheitstraum** erfüllt sich jetzt für den Schweizer Louis Palmer. Er startet zu einer Reise mit dem weltweit ersten Solarmobil, das die Erde einmal ganz umrunden wird. Dabei will er mindestens **50 000 Kilometer** zurücklegen und **50 Länder** durchqueren – angetrieben von reiner Sonnenenergie. Auf seiner Fahrt will Palmer dabei möglichst viele Menschen davon überzeugen, dass auch sie etwas gegen die globale Erwärmung tun können – und dass **Autofahren** mit **Sonnenstrom** schon heute eine realistische Alternative ist.

___ | ___

Palmer erzählt: „Ich war 14 Jahre alt, als ich das erste Mal davon geträumt habe, mit so einem solarbetriebenen Fahrzeug um die Erde zu fahren. Ich habe damals begonnen, Zeichnungen zu machen, Modelle zu bauen, und habe diesen Traum bis zum heutigen Tag nie aufgegeben. Was mich daran bis heute fasziniert hat, ist: Ich kann die Welt bereisen, ohne dass ich sie dabei auch zerstöre."

1 CO_2: Kohlendioxid – eine gasförmige Verbindung aus Kohlenstoff und Sauerstoff. Zu viel CO_2 ist schädlich für die Atmosphäre der Erde, denn CO_2 ist ein Treibhausgas.

Vom ersten Entwurf bis zum fertigen Solarmobil vergingen zwar rund 20 Jahre – doch jetzt wird Louis Palmers Vision[2] tatsächlich Wirklichkeit. Realisiert hat Palmer seine Vision mit einem Team von fast 200 Helfern – unter anderem von der Technischen Hochschule Luzern. Das Team leistete Pionierarbeit, lernte durch Fehler. So werden die Solarzellen jetzt nicht aufs Dach gepackt, sondern in einen eigens dafür konstruierten Anhänger. Dadurch wird das Auto leichter und bequemer. Nicht die einzige Anforderung an das Fahrzeug, wie Louis Palmer erklärt: „Erstens muss es sehr leicht sein, weil es mit sehr wenig Energie betrieben werden soll. Zweitens muss es sehr robust sein, denn auf so einer Weltreise kommen schlechte Straßen, hohe Temperaturen und steile Berge. Drittens will ich einen Teil meiner Energie unterwegs selbst produzieren und viertens: Das Ganze soll ja noch ausschauen wie ein einigermaßen normales Auto."

Louis Palmer mit seinem Solartaxi

Doch genau das tut es zu Beginn gar nicht. Bei der ersten Testfahrt ist Louis Palmers Traumauto eher ein Albtraum: „Also in dem Moment, als ich das erste Mal drinsaß, war es ganz anders, als man sich's vorgestellt hat. Es hat gerumpelt, es hat gekracht hier drin, es hat gezittert, gebebt das Ganze – das ist kein Traumauto. Und dann bin ich auf einen Hügel zugefahren, also 'ne kleine Steigung, und nach zehn Metern stand ich still. Dann haben wir aber herausgefunden: Es liegt an der Elektronik, man muss da nur ein paar Parameter[3] verstellen. Seitdem fährt das Ding wie 'ne Rakete."

Der Gotthardpass in der Schweiz

Als das Solarmobil kurz darauf die Straßenzulassung bekommt, ist es schon ein bisschen komfortabler – und bereit für die großen Herausforderungen. Um das Fahrzeug richtig zu testen, befuhr Palmer mehrere Alpenpässe – Gotthard, Furka, Grimsel. Innerhalb von drei bis vier Wochen machte der Schweizer 16 000 Höhenmeter. Um zu testen, wie sich das Auto bei Hitze verhält, fuhr er dann nach Barcelona – schon in Südfrankreich hatte das Team Temperaturen um 45 Grad Celsius. „Und als wir zurück waren – ich war sehr erstaunt – hatte ich 3 000 Kilometer gemacht in 14 Tagen, ohne überhaupt eine Schraube nachziehen zu müssen."

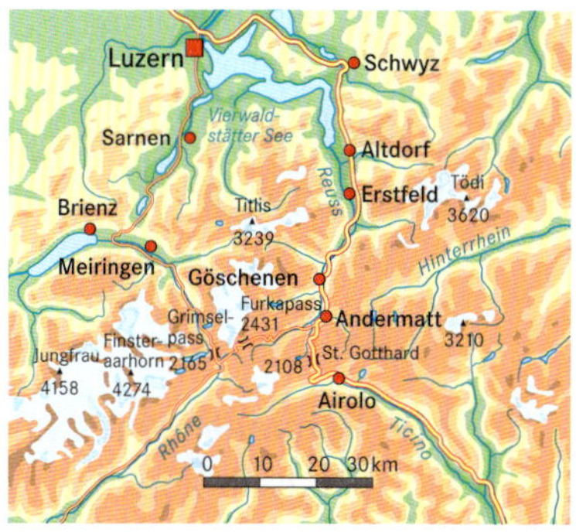

Kartenausschnitt Schweiz

Louis Palmer fährt nicht bei jeder Testfahrt mit Anhänger und der zweiten schweren Batterie. Aber wenn's richtig losgeht, muss der Anhänger natürlich mit. Nur so produziert das Auto selbst Strom. Zusätzlich kann es aber an jedem Solarenergiehaus tanken. So kann das Solarauto bis zu 400 Kilometer täglich fahren – das reicht für die Weltreise.

Unterwegs will Palmer möglichst viele Menschen von der Sonnenenergie überzeugen, indem er sie einlädt, mitzufahren. „Die Reaktionen in Frankreich und Spanien, wo wir die Testfahrten gemacht haben, waren sensationell, die waren genial. Denn die Leute haben noch nie so was gesehen und die wollten halt alle wissen: Womit fährst du jetzt und wo sind die Solarzellen und – hey – das ist ja umweltfreundlich." Palmer hofft, dass sein Beispiel Schule macht und in Zukunft viele mit Sonnenstrom fahren.

2 die Vision: eine Idee oder Vorstellung.
3 der Parameter: hier: ein Zahlenwert.

Beim genauen Lesen findest du die Informationen, mit denen du deine Aufgabe lösen kannst: eine Zusammenfassung schreiben.

Textknacker Schritt 3:
Beim genauen Lesen
- Absätze
- Bilder
- Worterklärungen
- Schlüsselwörter

Absätze gliedern den Text.

5 **a.** Nummeriere die Absätze.
b. Was erfährst du in den einzelnen Absätzen? Schreibe über jeden Absatz eine passende Überschrift.

Manche Wörter werden erklärt.

6 Schreibe Erklärungen für die folgenden Wörter in dein Heft.
Nutze dafür die Fußnoten im Text oder schlage die Wörter nach.
Tipp: Manche Wörter kannst du dir aus dem Zusammenhang erklären.

> **das CO_2 (Z. 6), die Vision (Z. 21), realisieren (Z. 21), die Pionierarbeit (Z. 23), konstruiert (Z. 25), robust (Z. 28), die Reaktionen (Z. 56)**

Starthilfe

CO_2: Kohlendioxid – eine gasförmige Verbindung aus Kohlenstoff und Sauerstoff, die zum Beispiel bei der Verbrennung von Treibstoff entsteht …

Manchmal gibt es Bilder am Rand, die dir helfen, den Text zu verstehen.

7 Louis Palmer befuhr den Furkapass, den Grimselpass und den Gotthardpass.
a. Erkläre den Begriff **Alpenpass**. Das Foto und die Karte auf Seite 5 helfen dir.
b. Schlage den Begriff **Pass** (Gebirgspass) im Wörterbuch nach.
c. Überarbeite deine Erklärung, wenn nötig. Schreibe in dein Heft.

Ein Alpenpass ist ______________________

____

____

____

Z **8** Warum befuhr Palmer die Alpenpässe? Schreibe eine Antwort in dein Heft.

Z **9** **a.** Finde den Kartenausschnitt von Seite 5 in einem Atlas.
b. Beschreibe den Weg von Luzern nach Locarno über den Gotthardpass. Nenne auf dem Weg mindestens zwei Seen, zwei Flüsse und 12 Orte.
c. Erkläre, welches Bauwerk den Gotthardpass heute ersetzt.

Zum Verstehen eines Textes sind Schlüsselwörter besonders wichtig. Sie helfen dir auch bei deiner Zusammenfassung des Textes.

mehr zu Schlüsselwörtern
➤ **S. 14–15**

10 In den ersten beiden Absätzen sind bereits Schlüsselwörter hervorgehoben.
a. Markiere selbst Schlüsselwörter in den weiteren sechs Absätzen.
- Nutze dabei deine Bleistiftmarkierungen aus Aufgabe 4.
- Im vierten Absatz werden vier Anforderungen an das Fahrzeug genannt. Markiere zu jeder dieser Anforderungen Schlüsselwörter.

b. Schreibe deine Absatzüberschriften und die Schlüsselwörter in dein Heft.

Starthilfe

1. **Louis Palmers Idee:** Solarenergie, Solarmobil, CO_2-Ausstoß
2. …

Mithilfe von Fragen kannst du dein Textverständnis überprüfen.

11 Beantworte die folgenden Fragen in ganzen Sätzen. Schreibe in dein Heft.
a) Welche vier Anforderungen stellt Louis Palmer an sein Fahrzeug?
b) Warum nennt Louis Palmer sein Solarauto „Solartaxi“?
c) Wie beschreibt Louis Palmer die Reaktionen der Menschen, die er traf?

12 Stelle zu jedem Absatz des Textes mindestens zwei Fragen. Schreibe in dein Heft.

Textknacker Schritt 4:
Nach dem Lesen
- Mit dem Textinhalt arbeiten

In einer Zusammenfassung gibst du den Inhalt eines Textes in knapper Form wieder.

13 Schreibe eine Zusammenfassung des Textes.
- Beachte die Arbeitstechnik „Texte zusammenfassen“.
- Nenne im ersten Teil den Titel, den Autor und das Thema.
- Nutze deine Ergebnisse zu den Aufgaben 5 bis 12, z. B. die Schlüsselwörter.
- Schreibe im Präsens.

Arbeitstechnik „Texte zusammenfassen“ ➤ S. 12 und in der hinteren Klappe

Starthilfe
Die Reportage „Weltreise mit dem Solartaxi“ von ...

Weiterführendes: Eine Grafik erschließen

Adrian möchte mehr über die Stromerzeugung aus Solarenergie erfahren. Er hat dazu die folgende Grafik gefunden.

Leistung neu installierter Fotovoltaik-Anlagen (2009) in Megawatt (MW)

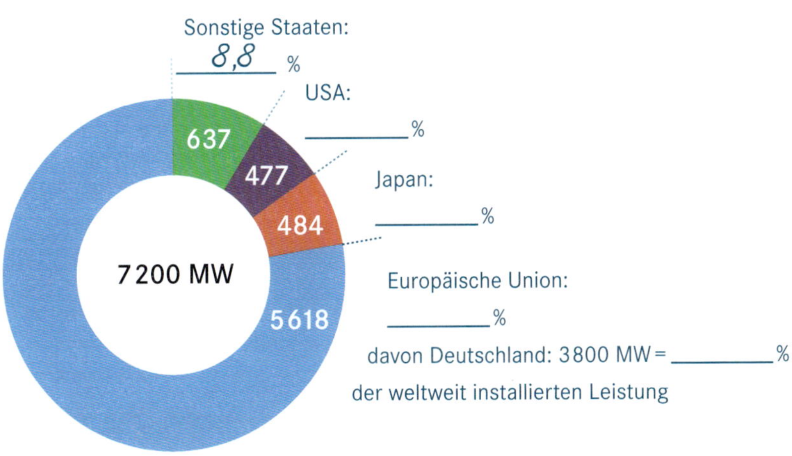

~~8,8 %~~
77,9 %
6,7 %
6,6 %
52,7 %

1 Ergänze die Prozentzahlen vom Rand an den passenden Stellen der Grafik.

2 Wo wurde im Jahr 2009 die Fotovoltaik-Anlage mit der größten Leistung installiert? Schreibe eine Rangliste von drei Staaten oder Staatengemeinschaften auf. Schreibe in dein Heft.

Starthilfe
Auf Platz 3 liegt mit 6,7 % ...

3 Schreibe zu der Grafik einen Sachtext mit allen wichtigen Informationen.
- Nenne in einem Einleitungssatz den Titel und die Art der Grafik.
- Schreibe deinen Text im Präsens.
- Verwende alle Fachwörter, Zahlen und Ortsbezeichnungen aus der Grafik.
- Überprüfe zum Schluss, ob alle deine Aussagen inhaltlich richtig sind.

Balkendiagramm?
Kreisdiagramm?
Tabelle?

Eine Aufgabe genau verstehen

Jeden Arbeitsauftrag musst du zunächst genau lesen und verstehen.
In der Klasse 7a wird dieser Arbeitsauftrag erteilt:

Dein Arbeitsauftrag

Vera und ihre Freunde haben Argumente für und gegen die Nutzung von Sonnenenergie gesammelt. Nimm Stellung zu Veras Aussage:
„Die stärkere Nutzung der Sonnenenergie ist wichtig für unsere Umwelt."
Gehe dabei so vor:
- Kreuze an, welche Argumente für und welche gegen Veras Aussage sprechen.

Argumente für/gegen die Nutzung von Sonnenenergie	für Veras Aussage	gegen Veras Aussage
Strom aus Sonnenenergie ist umweltfreundlich, weil kein CO_2 entsteht.	☐	☐
Strom aus Sonnenenergie ist nicht besonders umweltfreundlich, weil bei Herstellung und Transport von Sonnenkollektoren auch CO_2 entsteht.	☐	☐
Sonnenkollektoren sind gut für die Umwelt, weil sie im Landschaftsbild meist keine zusätzlichen Flächen beanspruchen.	☐	☐

- Entscheide dich für einen Standpunkt.
- Führe drei Argumente an, die deine Meinung stützen. Verwende mindestens ein Argument aus der Liste.
- Ordne deine Argumente. Führe das stärkste Argument am Schluss an.

Die Aufforderungsverben (Operatoren) geben an, was von dir verlangt wird.

1 Lies den Arbeitsauftrag genau.
Markiere Wortgruppen mit Aufforderungsverben in dem Arbeitsauftrag.

Starthilfe
Nimm Stellung, ...

2 Was sollst du tun?
a. Markiere die Verben aus Aufgabe 1 b in den Aussagen unten.
b. Sind die Aussagen richtig oder falsch? Kreuze an.

		richtig	falsch
A	Ich soll zu Veras Aussage Stellung nehmen.	☒	☐
B	Ich muss Veras Aussage stützen.	☐	☐
C	Ich muss Veras Aussage widersprechen.	☐	☐
D	Ich darf mich entscheiden, ob ich Veras Aussage unterstütze oder nicht.	☐	☐
E	Ich soll ein Gegenargument anführen.	☐	☐
F	Ich soll drei Argumente anführen, die meine Meinung stützen.	☐	☐
G	Ich darf nur Argumente aus der vorgegebenen Liste verwenden.	☐	☐
H	Ich muss mindestens eines der Argumente aus der Liste verwenden.	☐	☐
I	Ich soll mich für einen Standpunkt entscheiden.	☐	☐
J	Ich darf auch eigene Argumente verwenden.	☐	☐
K	Das stärkste Argument muss ich am Schluss anführen.	☐	☐
L	Ich soll nur die Argumente ankreuzen, die Veras Aussage unterstützen.	☐	☐
M	Ich muss meine Argumente ordnen, bevor ich meine Stellungnahme schreibe.	☐	☐

3 Schreibe in dein Heft, was du der Reihe nach tun sollst.
Nutze dabei deine Ergebnisse zu den Aufgaben 1 und 2.
Verwende Satzanfänge, die die Reihenfolge verdeutlichen.

In der 7b wird ein anderer Arbeitsauftrag erteilt:

Dein Arbeitsauftrag

Vera und ihre Freunde sammeln Argumente für und gegen die Nutzung von Sonnenenergie. Nimm Stellung zu Veras Aussage:
„Die stärkere Nutzung der Sonnenenergie ist wichtig für unsere Umwelt."
- Entscheide dich zuerst für einen Standpunkt.
- Entkräfte zunächst ein Argument der Gegenmeinung.
- Führe drei Argumente an, die deine Meinung stützen.
- Veranschauliche deine Argumente mit Beispielen.
- Führe dein stärkstes Argument am Schluss an.

4 Lies die Klassenarbeitsaufgabe genau.
a. Markiere alle Aufforderungsverben (Operatoren).
b. Was bedeutet der Operator „entkräfte"? Kreuze die richtige Aussage an.

☐ Ein Gegenargument nennen und begründen, warum es nicht überzeugend ist.
☐ Ein Gegenargument nennen und begründen, warum es überzeugend ist.

5 Was sollst du tun?
Kreuze an, welche der Aussagen richtig und welche falsch sind.

		richtig	falsch
A	Ich muss für Veras Aussage sein.	☐	☒
B	Ich muss gegen Veras Aussage sein.	☐	☐
C	Ich darf auswählen, ob ich Veras Aussage unterstütze oder nicht.	☐	☐
D	Ich muss drei Argumente anführen, die meine Meinung stützen.	☐	☐
E	Das am schwierigsten zu erklärende Argument führe ich am Schluss an.	☐	☐
F	Das stärkste Argument führe ich am Schluss an.	☐	☐
G	Ich muss ein Argument finden, mit dem die Gegenmeinung vertreten wird.	☐	☐
H	Ich muss begründen, warum das Gegenargument nicht überzeugend ist.	☐	☐

6 Schreibe in dein Heft, was du der Reihe nach tun sollst.
Nutze dabei deine Ergebnisse zu den Aufgaben 4 und 5.

Wenn du die Arbeitsaufträge der Klassen 7 a und 7 b vergleichst, stellst du Unterschiede fest.

7 Die Arbeitsaufträge der 7 a und der 7 b unterscheiden sich in vier Punkten.
Schreibe die vier Unterschiede in dein Heft.
Tipp: Vergleiche dazu die Aufforderungsverben in beiden Aufgaben.

Starthilfe
Für die Aufgabe der 7a muss ich zuerst ...

Marc aus der Klasse 7 b hat folgende Argumente aufgeschrieben:

A Einige Leute behaupten, Sonnenkollektoren würden das Landschaftsbild zerstören. Dagegen spricht, dass Sonnenkollektoren meist auf Gebäuden installiert werden.
B Die stärkere Nutzung von Solarzellen in Autos wird die Umwelt in Zukunft stark entlasten, weil Solarautos ohne Abgase fahren.
Ein Beispiel hierfür ist das Solartaxi von Louis Palmer.

~~begründet,~~
angeführt,
entkräftet,
genannt,
gestützt

Z **8** **a.** Markiere Behauptungen blau, Begründungen rot und ein Beispiel grün.
b. Was hat Marc bei seinen Argumenten richtig gemacht?
Schreibe in dein Heft. Du kannst die Wörter vom Rand verwenden.

Sachtexte erschließen und zusammenfassen

Den Inhalt dieses Zeitschriftentextes sollst du zusammenfassen. Danach schreibst du einen Informationstext für Ferienschwimmkurse der DLRG*. Dafür musst du zuerst den Text genau lesen und verstehen.

➤ Die Arbeitstechnik „Der Textknacker“ findest du in der vorderen Klappe.

mehr zum Textknacker ➤ S. 4–7

1 Lies den Text mithilfe des Textknackers.

Zug um Zug: Wie die Menschen schwimmen lernten

Sina Löschke

Solche Spielverderber: In Seen und Flüssen würden Ungeheuer hausen, behaupteten Priester im Mittelalter – schon wollte niemand mehr baden gehen. Das ist heute zum Glück anders. Einem berühmten Dichter sei Dank.

Zeitung lesen beim Schwimmen? Das geht nur im Toten Meer, einem See an der Grenze zwischen Israel und Jordanien. Sein Wasser ist so salzhaltig, dass es die Menschen von ganz allein trägt.

Goethes Schwimmerlebnis

Ferien, Sommersonne, die Gipfel der Alpen vor der Nase und dazu ein kristallklarer **Bergsee** in der Schweiz: Welcher Wanderer käme da nicht auf die Idee, Rucksack und Kleidung fallen zu lassen, sich **kopfüber in die Fluten** zu stürzen und wie ein Fisch durch das Wasser zu gleiten? Der **Dichter Johann Wolfgang von Goethe** tat genau das. Splitterfasernackt sprangen er und seine beiden Reisebegleiter während einer Bergtour im **Sommer 1775** ins **kühle Nass**. Die jungen Männer juchzten lauthals und tobten so ausgelassen, dass sie den ersten **Stein** gar nicht fliegen sahen. Gefährlich nah schlug er neben ihnen ins Wasser. Gefolgt von einem zweiten, einem dritten ... Wer die **Angreifer** waren, ist bis heute ungeklärt. Wahrscheinlich Bergbauern, die mit ihrer Attacke auf die drei Nackedeis ihrer Empörung Ausdruck verliehen.

In freier Natur zu baden, dazu noch unbekleidet, war für die Schweizer damals kein Freizeitspaß – sondern Sünde! Seen, Flüsse und Meere galten als Teufelszeug und Brutstätte tödlicher Krankheiten. Man munkelte, in ihrer dunklen Tiefe würden Monster hausen. Ein Aberglaube, den vor allem die Kirchenoberhäupter verbreiteten. Priester predigten seit dem **Mittelalter**, die Menschen brauchten nicht schwimmen zu lernen. Gott halte sie im Notfall über Wasser – sie müssten nur fest genug daran glauben. Viele Fischer und Seeleute bezahlten diesen Irrglauben mit dem Leben.

Italiener, Franzosen, Deutsche: Alle Menschen dieser Völker waren damals Nichtschwimmer. Komisch, wenn man bedenkt, dass sich schon die **Steinzeitmenschen** wie Robben im Wasser tummelten. Das beweisen über 10 000 Jahre alte Höhlenzeichnungen. Die Schwimmtechnik hatten sich die Jäger und Sammler von den Tieren abgeguckt. Ihr Hundepaddeln sah zwar nicht elegant aus, es genügte unseren Vorfahren jedoch, um sich bei Gefahr ans andere Ufer zu retten.

* DLRG: Deutsche Lebens-Rettungs-Gesellschaft.

☐ ___

Schon bei den **alten Griechen** war Wasser mehr als nur ein „Lebensretter". Für sie hatte es magische Eigenschaften. So soll es eine Quelle gegeben haben, deren Wasser wahnsinnig machte, wenn man davon trank. Auf der Insel Lefkada[1] stürzten sich regelmäßig unglücklich Verliebte von einer Klippe ins Meer. Der Sprung galt als einziges Mittel gegen den Herzschmerz – kostete dafür einige Waghalsige aber das Leben. Um die Unfallzahl zu senken, band man den Springern später lebende Vögel an den Leib: in der Hoffnung, deren Geflatter würde den Aufprall aufs Wasser dämpfen.

Vor 100 Jahren ließen sich Frauen mit solchen Badekarren ins Wasser fahren.

☐ ___

Über diese Schnapsidee haben die **Römer** vermutlich bloß gelacht. Statt sich den Hals zu brechen, lümmelten sie lieber im Pool herum. Allein in Rom gab es mehr als 800 Badeanstalten, in denen allerdings eher geplanscht als geschwommen wurde: Beim Kraulen ließ es sich nämlich nicht so gut plaudern. Schwimmen konnten die meisten Badegäste trotzdem, denn spätestens in der Armee lernte jeder Legionär[2], sich über Wasser zu halten – selbst in Kampfausrüstung.

☐ ___

Um ihren Schützlingen die ersten Armzüge zu erleichtern, bastelten die römischen Bademeister ein Hilfsmittel, das es immer noch gibt: den Schwimmring. Das römische Modell bestand aus Kork, hielt den Anfänger aber genauso gut über Wasser wie die modernen „Schaumstoffnudeln" oder Schwimmbretter, mit denen Kinder heute schwimmen lernen. Mit einem selbst gebauten Korkring hatte sich auch Goethe das Schwimmen beigebracht. Der Dichterfürst trainierte jeden Tag in der Ilm, einem Fluss in Thüringen. Und das nicht nur im Sommer, sondern bis weit in den Winter hinein.

☐ ___

Hätte Goethe seinen Sturkopf damals nicht durchgesetzt, wäre Schwimmen wohl gar nicht – oder erst viel später – in Mode gekommen. Tausende Deutsche nahmen sich gegen **Ende des 18. Jahrhunderts** den Dichter zum Vorbild und tauchten ins nasse Element ab. Ärzte verschrieben ihren Patienten sogar kalte Flussbäder, weil der berühmte Goethe sie empfohlen hatte. Eine Welle der Wasserfreude schwappte bald über Europa. In Großbritannien gründeten Sportbegeisterte die ersten Schwimmvereine. An den Küsten der Nord- und Ostsee verwandelten sich verschlafene Fischerdörfer in Seebäder mit Strandkörben und Spaziermeile.

Solche Freudensprünge ins tiefe Wasser sollten nur Schwimmer wagen, denn Nichtschwimmer riskieren dabei ihr Leben!

☐ ___

Ein Schwimmmeister stellt allerdings **heute** besorgt fest: „Jedes fünfte Kind in Deutschland kann nicht schwimmen." und er schlägt vor: „Wie wäre es mit einem Ferienschwimmkurs?" Denn wer seine Angst vor dem Wasser verliert, wird genauso begeistert seine Bahnen ziehen, wie es früher Goethe getan hat. Und keine Sorge: Steine schmeißt schon lange niemand mehr.

Aus der Zeitschrift GEOlino Nr. 8, 2007

1 Insel Lefkada: eine griechische Insel im Mittelmeer, eine der Ionischen Inseln.
2 der Legionär: ein Soldat einer römischen Heereseinheit, der Legion.

Die Zusammenfassung vorbereiten

Zuerst musst du deinen Arbeitsauftrag genau verstehen.

mehr zu „Eine Aufgabe genau verstehen" ➤ S. 8–9

Dein Arbeitsauftrag

Schreibe eine Zusammenfassung des Textes „Zug um Zug: Wie die Menschen schwimmen lernten" über die Geschichte des Schwimmens.
Lies den Text dafür genau.
Zusatzaufgabe: Schreibe einen Informationstext über die Ferienschwimmkurse der DLRG. Nutze auch die Grafik und die Bilder auf den Seiten 18–19.

2 **a.** Lies deinen Arbeitsauftrag genau.
b. Lies die Arbeitstechnik „Texte zusammenfassen" unten.
c. Schreibe in dein Heft, was du in welcher Reihenfolge tun sollst.
Verwende dabei Satzanfänge, die die Reihenfolge verdeutlichen.

Arbeitstechnik

Texte zusammenfassen

In einer Zusammenfassung gibst du die wichtigsten Inhalte eines Textes wieder.

- Nenne im ersten Teil den **Titel**, den **Autor**, das **Thema** und die **Textsorte** und wenn möglich die **Fundstelle**. Gib also auch an, um was **für einen Text** usw. es sich handelt, z. B. Sachtext, Zeitschriftentext, Reportage, Leserbrief, Lexikonartikel ..., und wo der Text erschienen ist, z. B.: Zeitung, Internet, Buch ...
- Gib im zweiten Teil **nur die wichtigsten Informationen** in wenigen Sätzen mit deinen eigenen Worten wieder.
- Schreibe im **Präsens**. Wenn Geschehnisse **vor** anderen stattgefunden haben, verwendest du das **Perfekt**.
- **Vermeide wörtliche Rede** oder ersetze sie durch **indirekte Rede** mit dem Konjunktiv.

Beim genauen Lesen findest du alle wichtigen Informationen für deinen Arbeitsauftrag: eine Zusammenfassung schreiben.

Beim genauen Lesen

Absätze

3 **a.** Nummeriere die Absätze.
b. Was erfährst du in den einzelnen Absätzen?
Schreibe über jeden Absatz eine passende Überschrift.
Du kannst Wörter und Wortgruppen aus den Absätzen verwenden.

Worterklärungen

4 Schreibe Erklärungen für die folgenden Wörter auf.
Nutze dafür die Fußnoten im Text oder schlage die Wörter nach.
Tipp: Manche Wörter kannst du dir aus dem Zusammenhang erklären.

splitterfasernackt (Z. 9), die Insel Lefkada (Z. 33), der Legionär (Z. 44), der Kork (Z. 48), die DLRG

splitterfasernackt: vollkommen nackt, ______________________

____

____

____

____

Bilder am Rand können dir helfen, den Text zu verstehen. Bilder können den Text aber auch mit zusätzlichen Informationen ergänzen.

Bilder

5 Was erzählen dir die Bilder? Schreibe zu jedem Bild Stichworte auf.

1. Bild: *lesen beim Schwimmen,* ____________________

2. Bild: ____________________

3. Bild: ____________________

6 **a.** Sieh dir die Bilder noch einmal an und lies die Bildunterschriften.
b. Zeigen die Bilder Informationen aus dem Text oder geben sie zusätzliche Informationen? Schreibe zu jedem Bild eine Antwort auf.

1. Bild: ____________________

____

____

2. Bild: ____________________

____

____

3. Bild: ____________________

____

____

Mit einer Zeitleiste werden im Text beschriebene Zeiträume übersichtlich.

Z **7** **a.** Markiere geschichtliche Angaben und andere Zeitangaben im Text.
b. Ordne die Angaben aus dem Text in der Zeitleiste richtig ein.

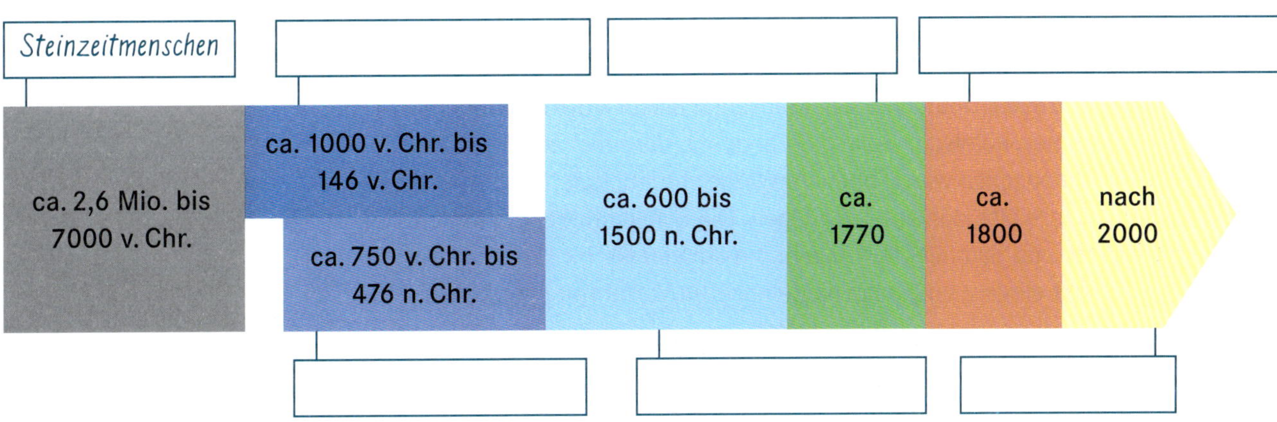

Z **8** Lege eine Tabelle mit den Ergebnissen aus Aufgabe 8 in deinem Heft an.
a. Schreibe die Zeitangaben und den Absatz des Textes in die erste Spalte.
b. Ergänze in einer zweiten Spalte Angaben zum Schwimmen oder zur Bedeutung des Wassers.

Starthilfe

Zeitangaben aus dem Text (Absatz)	Angaben zum Schwimmen oder zur Bedeutung des Wassers
Steinzeitmenschen, vor 10 000 Jahren (3. Absatz)	tummeln sich wie Robben im Wasser, Hundepaddeln …
…	

Mit Schlüsselwörtern arbeiten

Schlüsselwörter helfen dir dabei, einen Text zusammenzufassen. Du musst allerdings die richtigen Schlüsselwörter auswählen.

> Merkwissen
>
> **Schlüsselwörter**
> Für den Inhalt eines Textes besonders wichtige Wörter sind Schlüsselwörter.
> **Achtung**: Je nachdem, unter welcher Fragestellung du einen Text liest, kannst du unterschiedliche Schlüsselwörter finden.
> Schlüsselwörter können **Zahlen, einzelne Wörter** oder **Wortgruppen** sein.
> Mithilfe von Schlüsselwörtern kannst du **Inhalte zusammenfassen**.

Manchmal sind Schlüsselwörter bereits im Text hervorgehoben.

1 Lies die markierten Schlüsselwörter im ersten Absatz.

➤ Der Text beginnt auf Seite 10.

2 **a.** Markiere im zweiten Absatz selbst Schlüsselwörter.
b. Überprüfe, ob sich deine Schlüsselwörter für eine Zusammenfassung eignen. Ergänze dazu den folgenden Lückentext. Schreibe in dein Heft.
Tipp: Manchmal musst du die Reihenfolge und die Schreibung der Schlüsselwörter ändern.

Das [redacted] in freier [redacted] wird zu dieser Zeit noch als eine [redacted] angesehen. Gewässer gelten als Teufelszeug. Dieser [redacted] ist bereits im [redacted] verbreitet. [redacted] **predigen**, dass die Menschen **nicht** [redacted] **lernen** müssen, da [redacted] sie im Notfall über Wasser halte. Durch diesen [redacted] kommen viele Seeleute ums [redacted].

> Starthilfe
>
> Das Baden in freier Natur
> ...

Es kann leicht passieren, dass du zu viele Schlüsselwörter markierst.

3 **a.** Kürze die markierten Schlüsselwörter im folgenden Beispiel. Streiche dazu weniger wichtige Wörter mit Bleistift durch.
b. Schreibe deine Schlüsselwörter zum dritten Absatz am Rand auf.

~~Italiener, Franzosen, Deutsche~~: Alle Menschen dieser Völker waren damals Nichtschwimmer. Komisch, wenn man bedenkt, dass sich schon die Steinzeitmenschen wie Robben im Wasser tummelten. Das beweisen über 8 000 Jahre alte Höhlenzeichnungen. Die Schwimmtechnik hatten sich die Jäger und Sammler von den Tieren abgeguckt. Ihr Hundepaddeln sah zwar nicht elegant aus, es genügte unseren Vorfahren jedoch, um sich bei Gefahr ans andere Ufer zu retten.

3. Absatz

Nichtschwimmer, ______

______

______

______

______

______

______

Fragen können dir beim Finden von Schlüsselwörtern helfen.

4 Ermittle die Schlüsselwörter im vierten Absatz durch Fragen.
a. Schreibe die Fragen und die Antworten auf die Linien. Du kannst dazu die Fragewörter neben der Aufgabe verwenden.
b. Unterstreiche in deinen Antworten die Schlüsselwörter.

> **Wann? Wo? Wer?**
> **Warum? Was?**

______

______

______

______

5 Ermittle auch die Schlüsselwörter im fünften Absatz durch Fragen.
Gehe vor wie in Aufgabe 4.

____

____

____

____

____

____

____

Häufig gibt es mehrere Schlüsselwörter mit einer ähnlichen Bedeutung.

6 Der sechste Absatz berichtet von drei verschiedenen Zeiten, denen aber etwas gemeinsam ist. Beantworte dazu die folgenden Fragen.

a) Welche drei Zeiten werden im sechsten Absatz erwähnt?

Römerzeit, ______________________________

b) Welche Wörter bezeichnen Gegenstände mit gleicher Funktion?

Hilfsmittel, ______________________________

____

c) Schreibe deine Schlüsselwörter zum sechsten Absatz in dein Heft.

7 **a.** Beantworte die folgenden Fragen zum siebten Absatz in deinem Heft.
Achtung: Drei der Fragen verlangen jeweils zwei Antworten.
a) Wer wurde Ende des 18. Jahrhunderts zum Vorbild und für wen?
b) Was schwappte bald darauf über Europa?
c) Was wurde in dieser Zeit gegründet und wo?
d) Wo und woraus entstanden Seebäder?

b. Markiere im Text die Schlüsselwörter aus deinen Antworten.

8 Markiere im achten Absatz selbstständig Schlüsselwörter.
- Du kannst zunächst mit Bleistift markieren.
- Du kannst dir die Fragen und die Antworten aufschreiben.

Mit den Schlüsselwörtern bereitest du deine Zusammenfassung vor.

9 Lege in deinem Heft eine Tabelle für deine Zusammenfassung an.
a. Schreibe im Kopf der Tabelle alle Angaben zum Text auf.
b. Schreibe in die erste Spalte Nummer und Überschrift des Absatzes.
c. Schreibe in die zweite Spalte die Zeilenangaben zu dem Absatz.
d. Schreibe deine Schlüsselwörter in die dritte Spalte.

Starthilfe

Zeitschriftentext „Zug um Zug: Wie die Menschen schwimmen lernten“		
Absatz	**Zeilen**	**Schlüsselwörter**
1. Goethes Schwimmerlebnis	1–15	Dichter, Johann Wolfgang von Goethe, Sommer 1775, splitterfasernackt, ...
...	...	...

Die Zusammenfassung schreiben

Nach dem Lesen: Mit dem Text arbeiten

In einer Zusammenfassung sollst du möglichst das Präsens verwenden.

10 Die Zeitform dieser Zusammenfassung des zweiten Absatzes ist falsch. Streiche falsche Zeitformen und schreibe die richtigen Formen an den Rand.
Achtung: Die Form „halte“ ist ein Konjunktiv und an dieser Stelle richtig.

Das Baden in freier Natur ~~wurde~~ zu Goethes Zeit noch als Sünde angesehen. Gewässer galten als Teufelszeug. Dieser Aberglaube war bereits im Mittelalter verbreitet. Priester predigten, dass die Menschen nicht schwimmen lernen müssen, da Gott sie im Notfall über Wasser halte. Durch diesen Irrglauben kamen viele Seeleute ums Leben.

wird ... angesehen, ______
______
______
______

mehr zum Präsens
➤ S. 68

11 Verwende für die folgenden Sätze auch das Präsens.
Streiche Verben und schreibe passende Zeitformen an den Rand.

Viele Völker ~~waren~~ zu dieser Zeit Nichtschwimmer. Aber bereits die Steinzeitmenschen tummelten sich wie die Robben im Wasser. Die Schwimmtechnik des „Hundepaddelns“ schauten sie sich von den Tieren ab.

sind, ______
______
______

12 In der folgenden Teilzusammenfassung steht noch wörtliche Rede.
a. Unterstreiche die wörtliche Rede und markiere die Verbform.
b. Schreibe dafür indirekte Rede mit dem Konjunktiv.
Tipp: Einen Konjunktiv gibt es schon. Stelle den Satz aber um.

mehr zum Konjunktiv und zur indirekten Rede
➤ S. 72–73

Ein Schwimmmeister weist besorgt darauf hin: „Jedes fünfte Kind in Deutschland kann nicht schwimmen.“ Der Schwimmmeister fragt: „Wie wäre es mit einem Ferienschwimmkurs? Denn dort verliert man seine Angst vor dem Wasser.“

Starthilfe
Ein Schwimmmeister weist darauf hin, jedes ...

______
______
______

Im ersten Teil der Zusammenfassung machst du alle Angaben zum Text.

13 **a.** Lies in der Arbeitstechnik auf Seite 12 nach.
b. Schreibe den ersten Teil deiner Zusammenfassung in dein Heft.

14 Schreibe die Zusammenfassung des Textes in ganzen Sätzen in dein Heft.
- Nutze dazu die Ergebnisse der Aufgaben 10 bis 14.
- Halte dich an die Reihenfolge der Informationen im Text.
- Formuliere mit eigenen Worten.

Starthilfe
Der Text berichtet zuerst von dem Dichter Johann Wolfgang von Goethe, der ...

15 Überprüfe deine Zusammenfassung mit der folgenden Checkliste.

Checkliste: Texte zusammenfassen	ja	nein
Habe ich im ersten Teil den **Titel**, den **Autor**, das **Thema** und die **Textsorte** genannt?	☐	☐
Habe ich im zweiten Teil **nur die wichtigsten Informationen** in wenigen Sätzen wiedergegeben?	☐	☐
Habe ich im **Präsens** geschrieben?	☐	☐
Habe ich, wenn nötig, das **Perfekt** verwendet?	☐	☐
Habe ich **wörtliche Rede vermieden** oder durch **indirekte Rede** mit dem Konjunktiv ersetzt?	☐	☐

Den folgenden Anfang einer Zusammenfassung kannst du überarbeiten.

Zusammenfassung des Zeitschriftentextes „Zug um Zug: Wie die Menschen schwimmen lernten"

Der Text über die Geschichte des Schwimmens stammt aus der Zeitschrift GEOlino, Nr. 8.
Ferien, Sommersonne, die Gipfel der Alpen vor der Nase und dazu ein kristallklarer Bergsee: Der Dichter Johann Wolfgang von Goethe ~~hatte~~ im Sommer 1776 nackt mit seinen Reisebegleitern in einem deutschen Bergsee ~~gebadet~~. Dabei hatten unbekannte Verteidiger die Männer mit Steinen beworfen. Das Baden in freier Natur war zu Goethes Zeit noch als eine Sünde angesehen worden. Gewässer hatten als Teufelszeug gegolten. Dieser Aberglaube war im Mittelalter weit verbreitet gewesen. Priester hatten gepredigt, dass die Menschen nicht schwimmen lernen müssen, da Gott sie im Notfall über Wasser halte. Viele Fischer und Seeleute bezahlten diesen Irrglauben mit dem Leben. Viele Völker waren zu dieser Zeit Nichtschwimer gewesen. Aber bereits die Steinzeitmenschen haben sich wie die Roben im Waser getummelt. Die Schwimtechnik des „Hundepadelns" haben sie sich von den Tieren abgeschaut.

Achtung: Fehler!

badet, ____________

1 In der Einleitung fehlen zwei wichtige Angaben.
Schreibe die beiden Angaben auf die folgenden Linien.

____________ ____________

2 Die Zusammenfassung gibt zwei Stellen aus dem Text wörtlich wieder.
a. Finde die beiden wörtlichen Übernahmen und streiche sie durch.
b. Schreibe den Inhalt der zweiten durchgestrichenen Stelle in eigenen Worten auf die folgenden Linien.

____

3 Die Zusammenfassung enthält drei sachliche Fehler.
a. Finde die Fehler und streiche sie durch.
b. Schreibe die richtigen Angaben auf die folgenden Linien.

____________ ____________

4 Viele Sätze in der Zusammenfassung stehen im Plusquamperfekt.
Diese Sätze müssen im Präsens stehen.
a. Streiche alle Plusquamperfektformen durch.
b. Schreibe dafür passende Präsensformen auf die Linien neben dem Text.

mehr zum Plusquamperfekt
➤ S. 71

5 Am Ende der Zusammenfassung gibt es fünf Rechtschreibfehler.
a. Streiche die falsch geschriebenen Wörter durch.
b. Schreibe die Wörter richtig auf die folgenden Linien.
c. Welche Rechtschreibhilfe hilft, diese Fehler zu vermeiden? Kreuze an.

mehr zu Rechtschreibhilfen im Wissenswerten
➤ S. 94

- [ ] Gliedern
- [ ] Verlängern
- [ ] Ableiten

____________ ____________ ____________

6 Schreibe die überarbeitete Teilzusammenfassung in dein Heft.

Z Weiterführendes: Eine Grafik erschließen

Anton schwimmt in der Jugendabteilung der DLRG. Er hat eine Grafik zum Thema gefunden. Beim Abschreiben hat er ein paar Zahlen vergessen.

Kinderertrinken in Deutschland

Ertrinken im Alter bis 15 Jahre, 2001 bis 2006, in 3 Altersklassen

Die Zahl der Todesopfer in diesen drei Altersgruppen zusammen ist seit 2001 um fast 50 % gesunken.

Quelle: DLRG (Deutsche Lebens-Rettungs-Gesellschaft)

1 Ergänze die Zahlen vom Rand in den Lücken der Grafik.

8, 10, 25, 29, ~~45~~

2 Was kann man an den Zahlen der Grafik ablesen? Schreibe einen Satz auf.

____

____

3 Um was für eine Grafik handelt es sich oben? Kreuze an.

Kreisdiagramm ☐ Kurvendiagramm ☐

Säulendiagramm ☐ Pfeildiagramm ☐

4 In welchem Jahr sind die wenigsten Kinder ertrunken? Ergänze den Satz.

Im Jahr __________ sind zum Glück nur __________ Kinder ertrunken.

5 **a.** Lies die Aussage neben der Grafik. Sie ist nicht genau.
b. Welche Prozentzahl ist genauer? Kreuze an. ☐ 40% ☐ 60%
Tipp: Addiere jeweils die Zahlen für 2001 und für 2006.

6 Ergänze die folgenden Aussagen zur grünen Kurve in der Grafik.

_______ ertrunkene Kinder im Jahr 2006 sind zwar _________ weniger als im Jahr 2001, aber es ist beunruhigend, dass die Zahl der ertrunkenen Kinder in diesen Altersgruppen seit dem Jahr _______ wieder angestiegen ist.

7 Wer oder was ist die DLRG? Kreuze an.

☐ Direktion für Lebensrettung Germany ☐ Dutch Live-Rescue-Group
☐ Digitales Leuchtröhrengerät ☐ Deutsche Lebens-Rettungs-Gesellschaft

8 Fasse die Aussagen der Grafik in einem kurzen Text zusammen.
- Nenne in der Einleitung Thema, Zeitraum, Form und Quelle der Grafik.
- Verwende deine Ergebnisse aus den Aufgaben 5 bis 7.
- Begründe anhand der Grafik, warum Ferienschwimmkurse wichtig sind.

Z Weiterführendes: Einen Informationstext gestalten

Mithilfe des Textes und der Grafik kannst du einen Informationstext über die Ferienschwimmkurse der DLRG schreiben.

1 **a.** Lies die Zusatzaufgabe des Arbeitsauftrages auf Seite 12.
b. Schreibe auf, was du tun sollst.

____

____

2 Welche Angaben aus dem Text auf den Seiten 10 bis 11 eignen sich gut für den Informationstext? Notiere Stichworte.

____

____

____

3 Zwei Absätze des Textes sind für deinen Informationstext nicht sehr interessant. Ergänze die Nummern der Absätze.

Die Inhalte der Absätze _______ und _______ kann ich ganz weglassen.

Dein Informationstext kann ein Problem ansprechen, welches durch den Ferienschwimmkurs gelöst wird.

4 Der letzte Absatz des Textes auf Seite 11 und die Grafik auf Seite 18 weisen auf ein aktuelles Problem hin.
Schreibe eine Einleitung und nenne darin dieses Problem.
Du kannst die Formulierungen vom Rand verwenden.

Es ist leider eine Tatsache, dass …
Eine der Ursachen ist, dass …

5 Warum sollten alle Kinder schwimmen lernen?
Schreibe den Hauptteil des Informationstextes in dein Heft.
- Erkläre, wann, wie und warum Menschen früher schwimmen gelernt haben.
- Nenne ein berühmtes Vorbild für die Schwimmbegeisterung.

Die Überschrift sollte neugierig machen und positiv wirken.

6 Formuliere eine interessante und positive Überschrift.
Du kannst die Wörter vom Rand verwenden.
Tipp: Eine Überschrift sollte möglichst kurz sein.

Spaß, Gesundheit, Sicherheit, Fisch, Wasser, Freude, Hundepaddeln, Delfin

Für deinen Informationstext kannst du Bilder verwenden.

7 Schreibe zu jedem Bild eine passende Bildunterschrift.

____

____

____

8 Gestalte deinen Informationstext auf einem Plakat.
- Schreibe den Text ordentlich.
- Suche passende Bilder und ergänze Bildunterschriften.
- Überprüfe die Rechtschreibung und Zeichensetzung.
Tipp: Du kannst den Text auch am Computer gestalten.

Das kann ich! – Inhalte zusammenfassen

Dein Arbeitsauftrag

Schreibe zu dem Text „Im Winter fit machen für die nächste Badesaison!“ eine Zusammenfassung. Verwende dabei die indirekte Rede mit dem Konjunktiv. Nutze für die Zusammenfassung auch Informationen aus der Grafik.

mehr zum Konjunktiv und zur indirekten Rede ➤ S. 72–73

Dienstag, 13. Oktober 2009

Im Winter fit machen für die nächste Badesaison Martin Janssen

Bad Nenndorf. **Winterzeit** ist Ausbildungszeit. Mit diesem Motto wirbt die Deutsche Lebens-Rettungs-Gesellschaft (DLRG) bei Eltern, in Kindergärten und Schulen für eine frühzeitige **Schwimmausbildung der Kinder**. „Sicher schwimmen zu können, ist das **beste Mittel**, den **Ertrinkungsfällen** bei Kindern im Vor- und Grundschulalter **vorzubeugen**“, rät DLRG-Präsident Dr. Klaus Wilkens.
Nach Auffassung des größten privaten und ehrenamtlichen Anbieters von Schwimmlehrgängen in Deutschland verfügen die meisten Hallenbäder über gute und sichere Rahmenbedingungen für die ersten Schwimmversuche. Allein im vergangenen Jahr haben über 250 000 Kinder, Jugendliche und Erwachsene bei den Ausbildern der DLRG in über 2 200 örtlichen und regionalen Gliederungen das Schwimmen und Rettungsschwimmen gelernt. „Die meisten Kurse und Prüfungen führen wir in der kalten Jahreszeit durch. Wer im Winter das Schwimmen lernt oder sein Können verbessert, ist für die kommende Badesaison gut vorbereitet. Das bringt mit Sicherheit mehr Badespaß“, erklärt der Chef der Lebensretter und hat noch einen Tipp für die Eltern zum Weihnachtsfest: „Schenken Sie Ihren Kindern einfach einen Gutschein für einen Schwimmkurs.“ Kinder können bereits im Vorschulalter ab etwa fünf Jahren mit der Anfängerschwimmausbildung beginnen. Am Ende der Ausbildung steht das beliebte Seepferdchen, das Jahr für Jahr über 30 000 Kinder erwerben. Eltern sollten aber wissen, dass die Kinder mit dem Seepferdchen noch keine sicheren Schwimmer sind und sie deshalb im und am Wasser weiter beaufsichtigt werden müssen. Mit Beginn der Schulzeit sollten Mädchen und Jungen das Jugendschwimmabzeichen ablegen, der erste Schritt zu einem sicheren Schwimmer. „Wissenschaftler verschiedener Disziplinen sind mit uns einer Meinung, dass die qualifizierte Schwimmausbildung bereits in der ersten Grundschulklasse beginnen sollte“, so Wilkens weiter. Wer seinen Nachwuchs bei der DLRG für einen Schwimmkurs anmelden möchte, dem reicht in aller Regel der Blick ins örtliche Telefonbuch, denn die Lebensretter sind fast überall in der Nähe.

Die Orte des Schwimmenlernens

Auf die Frage **„Wo hast du schwimmen gelernt?“** antworteten …

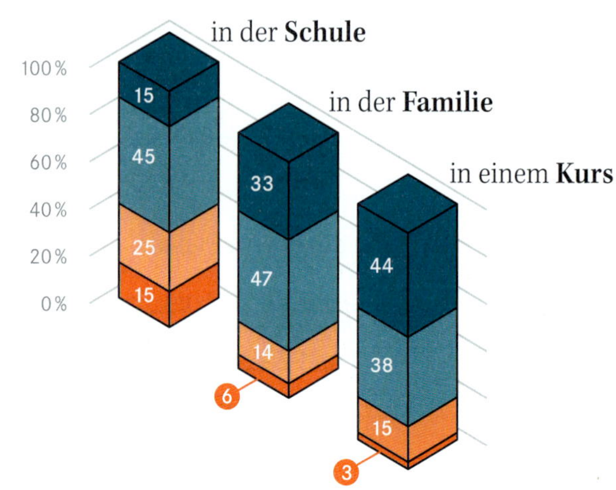

Könner
Fortgeschrittene
Anfänger
Unerfahrene

1 Um was für eine Grafik handelt es sich? Kreuze an.

☐ Kreisdiagramm ☐ Kurvendiagramm ☐ Säulendiagramm

2 Worum geht es in der Grafik? Schreibe einen Satz auf.

____

____

3 Beantworte die folgenden Fragen zu der Grafik. Trage die Zahlen am Rand ein.

a) Wie viel Prozent der Teilnehmer an Kursen bleiben Unerfahrene oder Anfänger? a) ________ %

b) Wie viel Prozent der Teilnehmer am Schulschwimmen bleiben Unerfahrene oder Anfänger? b) ________ %

c) Wie viel Prozent der Teilnehmer an Kursen werden Könner? c) ________ %

d) Wie viel Prozent der Teilnehmer am Schulschwimmen werden Könner? d) ________ %

e) Wie viel Prozent derjenigen, die in der Familie schwimmen lernen, werden Könner? e) ________ %

4 Wo lernt man am besten schwimmen?
Schreibe die Antwort in einem ganzen Satz in dein Heft.

5 Löse jetzt deinen Arbeitsauftrag von Seite 20.
Überprüfe dein Ergebnis mit der Checkliste von Seite 16.

Überarbeite die folgende Teilzusammenfassung zu dem Text auf den Seiten 10 bis 11.

Zusammenfassung des Zeitschriftentextes „Zug um Zug: Wie die Menschen schwimmen lernten“

Der Zeitschriftentext stammt aus der Zeitschrift GEOlino, 2007.
Der Dichter Johann Wolfgang von Goethe badete im Herbst 1775 nackt mit seinen Reisebegleitern in einem Schweizer Freibad. Dabei bewarfen unbekannte Angreifer die Männer mit Steinen. Das Baden in freier Natur wurde zu dieser Zeit noch als eine Sünde angesehen. Gewässer galten als Teufelszeug. Dieser Aberglaube war im Mittelalter weit verbreitet. Priester predigten, dass die Menschen nicht schwimmen lernen müssen, da Gott sie im Notfall über Wasser halte. Durch diesen Irrglauben kamen viele Fischer und Seeleute ums Leben.

____

____

____

____

____

____

6 In der Einleitung fehlt eine Angabe und eine andere Angabe ist unvollständig. Finde die Angaben auf Seite 10 und schreibe sie auf.

______________________ ______________________

7 Die Zusammenfassung enthält zwei sachliche Fehler.

a. Finde die zwei Fehler und streiche sie durch.

b. Schreibe die richtigen Angaben von Seite 10 auf die Linien.

______________________ ______________________

8 Die Zusammenfassung steht noch nicht im Präsens.

a. Streiche alle Präteritumformen durch.
Achtung: „halte“ ist ein Konjunktiv und sollte so stehen bleiben.

b. Schreibe dafür passende Präsensformen auf die Linien am Rand.

9 Schreibe die überarbeitete Teilzusammenfassung in dein Heft.

Punkte

Aufgabe	Punkte
1	/3 Punkte
2	/3 Punkte
3	/10 Punkte
4	/3 Punkte
5	/50 Punkte
6	/2 Punkte
7	/2 Punkte
8	/7 Punkte
9	/15 Punkte
Gesamtpunktzahl:	/95 Punkte

Einen Versuch beschreiben

Versuche beschreibst du genau und erklärst das Ergebnis.

Arbeitstechnik

Einen Versuch beschreiben
- Wähle eine treffende **Überschrift** aus. Häufig ist das die Versuchsfrage.
- Beschreibe in einem **Einleitungssatz, was** du mit dem Versuch **herausfinden** oder untersuchen möchtest.
- Nenne alle **Materialien**, die du für den Versuch benötigst.
- **Beschreibe** die **Durchführung** des Versuchs und die **Beobachtungen genau**. Beachte dabei die Reihenfolge.
- Formuliere und erkläre das **Ergebnis** des Versuchs.

Eine Versuchsbeschreibung wird im **Präsens** geschrieben.
Sie kann in der **unpersönlichen Form** mit **man** oder im **Passiv** stehen.

Dein Arbeitsauftrag

Verfasse zu den Bildern eine Versuchsbeschreibung in der **man-Form**.
Berücksichtige dabei folgende Punkte:
- Nenne das Ziel des Versuchs in einem Satz.
- Beschreibe genau die Materialien, den Versuchsaufbau und die Beobachtungen bei der Durchführung des Versuchs.
- Formuliere das Versuchsergebnis und erkläre es.

Überarbeite deine Beschreibung mithilfe einer Checkliste.

Versuchsfrage: Kann man Wasser mit Sonnenenergie reinigen?

1 Die Materialien
2 3 4 Der Versuchsaufbau
5 Der Versuch
6 Das Ergebnis

1 **a.** Lies die Arbeitstechnik und den Arbeitsauftrag genau.
b. Schreibe in dein Heft, was du tun sollst.
Du kannst die Wörter und Wortgruppen vom Rand verwenden.

Zuerst nenne ich ...
Danach beschreibe ich ...
Dann formuliere ich ...
Zum Schluss erkläre ich ...

Die Versuchsbeschreibung planst du in fünf Schritten.
Bearbeite die Aufgaben dieser Seite in deinem Heft.

Schritt 1: Die Überschrift und die Einleitung schreiben

2 **a.** Schreibe eine passende Überschrift auf.
Du kannst die Versuchsfrage von Seite 22 verwenden.
b. Beschreibe in einem Einleitungssatz, was man mit dem Versuch herausfinden oder untersuchen möchte.
Du kannst dazu Wörter aus der Versuchsfrage verwenden.

Schritt 2: Die Materialien aufzählen

3 Schreibe in einem Satz alle für den Versuch benötigten Materialien auf.

eine große Glasschüssel, Wasser, Salz, Pfeffer, ein kleines Wasserglas, Frischhaltefolie, einen kleinen Kieselstein, zwei Thermometer, zwei Saughaken

Schritt 3: Den Versuchsaufbau beschreiben

4 Beschreibe den Versuchsaufbau genau und in ganzen Sätzen.
Verwende passende Verben und abwechslungsreiche Satzanfänge.

Schritt 4: Die Versuchsdurchführung beschreiben

5 Beschreibe den Vorgang auf Bild 5 besonders genau.

Schritt 5: Das Versuchsergebnis formulieren und erklären

6 Formuliere das Ergebnis des Versuchs in einem Satz.
Verwende dabei diese drei Wörter.

ungenießbar, Sonnenenergie, Trinkwasser

Starthilfe
Der Versuch zeigt, dass man mit …

7 Erkläre das Ergebnis des Versuchs.
Ergänze dazu den folgenden Text mit den Wörtern vom Rand.

Die Sonnenenergie erwärmt das [redacted] in der abgedeckten [redacted], sodass es [redacted]. Die Wasserteilchen können nicht aus der Schüssel [redacted]. Weil die Außentemperatur [redacted] ist als unter der [redacted], kondensieren die [redacted] an der Folie als [redacted]. Diese sammeln sich unter dem Kieselstein und [redacted] in das daruntergestellte [redacted].

fallen, Schüssel, Wasserteilchen, Wasserglas, Wasser, niedriger, Wassertropfen, verdunstet, Folie, entweichen

8 **a.** Schreibe die Versuchsbeschreibung vollständig auf.
Beachte die fünf Schritte und die Arbeitstechnik auf Seite 22.
Tipp: Die Erklärung des Ergebnisses steht nicht in der **man-Form**.
b. Überarbeite dein Ergebnis mithilfe der Checkliste auf Seite 25.

Z **9** Erkläre das Wort „Kondensation" mithilfe des Textes unter Aufgabe 7.
Du kannst dabei die Wörter und Wortgruppen vom Rand verwenden.

____

____

____

____

Wasserdampf, durch Abkühlung an einer kalten Fläche oder kalten Luftschicht, Wassertropfen

Die Versuchsbeschreibung im Passiv schreiben

Merkwissen

Das **Passiv** beschreibt, wenn etwas mit einer Person oder einem Gegenstand getan wird. Die **Tätigkeit** ist **wichtig**, nicht, wer sie ausführt. Das Passiv wird deshalb oft in Versuchsbeschreibungen verwendet.
Passiv: Der Versuchsaufbau **wird** in die Sonne **gestellt**.
man-Form zum Vergleich: **Man stellt** den Versuchsaufbau in die Sonne.

mehr zum Passiv
➤ S. 74

1 Schreibe die folgende Versuchsbeschreibung im Passiv.

a. Viele Sätze stehen in der **Ich-Form** oder in der **man-Form**.
- Streiche **ich** oder **man** und die dazugehörigen Verbformen durch.
- Schreibe dafür passende Passivformen an den Rand.

b. Markiere alle weiteren Passivformen im Text.

c. Schreibe die vollständige Versuchsbeschreibung im Passiv in dein Heft.

Überschrift: Kann Wasser mit Sonnenenergie gereinigt werden?

Einleitung: Mit dem Versuch ~~untersucht man~~, ob Wasser mit Sonnenenergie gereinigt werden kann.

wird untersucht

Materialien: Für den Versuch werden diese Materialien benötigt: Wasser, eine große Glasschüssel, Salz, Pfeffer, Frischhaltefolie, ein kleiner Kieselstein, ein kleines Wasserglas, zwei Thermometer und zwei Saughaken.

Versuchsaufbau: Zuerst füllt man in die Glasschüssel etwas Wasser und streut viel Salz und Pfeffer hinein. Dann mische ich die Flüssigkeit. Danach stelle ich das Wasserglas in die Mitte und befestige ein Thermometer mit Saughaken innen am Schüsselrand. Nun wird die Schüssel mit einer leicht durchhängenden Frischhaltefolie abgedeckt und ich lege in die Mitte genau über dem Wasserglas einen kleinen Kieselstein. Dann stelle ich den Versuchsaufbau in die Sonne. Zum Schluss lege ich ein zweites Thermometer neben die Schüssel.

Versuchsdurchführung: Nach kurzer Zeit wird auf den beiden Thermometern beobachtet, dass die Temperatur in der Schüssel höher ist als außerhalb der Schüssel. Etwas später wird beobachtet, dass die Folie von innen beschlägt und sich Wassertropfen an ihrer Unterseite bilden. Es ist zu erkennen, dass die Wassertropfen in der Mitte unter dem Kieselstein zusammenlaufen und in das Wasserglas fallen. Nach einigen Stunden hat sich so viel Wasser in dem Wasserglas gesammelt, dass ein Schluck getrunken werden kann.

Ergebnis: Mit dem Versuch zeigt man, dass mit Sonnenenergie aus ungenießbarem Wasser sauberes Trinkwasser hergestellt werden kann.

Erklärung: Mit Sonnenenergie erwärme ich das Wasser in der abgedeckten Schüssel, sodass es verdunstet. Die Wasserteilchen können wegen der Folie nicht aus der Schüssel entweichen. Weil die Außentemperatur niedriger ist als unter der Folie, kondensieren die Wasserteilchen an der Folie zu Wassertropfen. Diese sammeln sich unter dem Kieselstein und fallen in das Wasserglas.

2 **a.** Lies das Merkwissen oben auf dieser Seite.

b. Erkläre, warum in Versuchsbeschreibungen oft das Passiv verwendet wird. Schreibe in dein Heft.

3 **a.** Lies den Arbeitsauftrag auf der folgenden Seite genau.

b. Schreibe in dein Heft, was genau du tun sollst. Verwende dabei Satzanfänge, die die Reihenfolge verdeutlichen.

Starthilfe

Zuerst ordne ich ...

Dein Arbeitsauftrag

Verfasse zu den Bildern eine Versuchsbeschreibung im **Passiv**.
Berücksichtige dabei folgende Punkte:
- Ordne die Bilder mit Zahlen in der richtigen Reihenfolge.
- Nenne das Ziel des Versuchs in einem Satz.
- Beschreibe die Materialien, den Versuchsaufbau und die Durchführung des Versuchs genau.
- Formuliere das Versuchsergebnis und erkläre es.

Überarbeite deine Beschreibung mithilfe einer Checkliste.

Versuchsfrage: Wie wird aus Pflanzen Wasser gewonnen?

4 **a.** Nummeriere die Bilder in der richtigen Reihenfolge.
b. Ordne die sechs Bilder den folgenden Überschriften zu.

Die Materialien – Bild ___ **Der Versuchsaufbau** – Bilder ___________

Der Versuch – Bild ___ **Das Ergebnis** – Bild ___

5 **a.** Schreibe die Versuchsbeschreibung im **Passiv** in dein Heft.
Beachte dabei die Arbeitstechnik auf Seite 22.
b. Markiere in deiner Beschreibung die **Passivformen**.

6 Überprüfe deine fertige Versuchsbeschreibung mit der Checkliste.

Checkliste: Versuchsbeschreibung	ja	nein
Habe ich eine **Überschrift** und einen **Einleitungssatz** formuliert?	☐	☐
Habe ich alle **Materialien** vollständig aufgeschrieben?	☐	☐
Habe ich den **Versuchsaufbau** genau und in der richtigen Reihenfolge beschrieben?	☐	☐
Habe ich die **Durchführung** und das **Ergebnis** genau beschrieben?	☐	☐
Habe ich das **Versuchsergebnis** verständlich erklärt?	☐	☐
Habe ich **abwechslungsreiche Satzanfänge** verwendet?	☐	☐
Habe ich im **Präsens** geschrieben?	☐	☐
Habe ich die **man-Form** oder das **Passiv** verwendet?	☐	☐
Ist meine Versuchsbeschreibung so genau, dass man den Versuch ohne die Bilder durchführen kann?	☐	☐

Das kann ich! – Versuche beschreiben

Punkte

1 Kreuze die richtigen Antworten an.
Achtung: Es können mehrere Antworten richtig sein. /2 Punkte

- ☐ a) Eine Versuchsbeschreibung wird im **Passiv** geschrieben.
- ☐ b) Eine Versuchsbeschreibung wird in der **Ich-Form** geschrieben.
- ☐ c) Eine Versuchsbeschreibung wird in der **Man-Form** geschrieben.
- ☐ d) Eine Versuchsbeschreibung wird in der **Er-/Sie-Form** geschrieben.

2 **a.** Ergänze zu den folgenden Schritten passende Verben vom Rand. /10 Punkte
b. Ergänze bei einem Schritt vorne die richtige Bezeichnung.
c. Bringe die Schritte in die richtige Reihenfolge. Nummeriere sie.

~~formulieren,~~ wählen, stellen, nennen, erklären, beschreiben

	Schritte der Versuchsbeschreibung	Verben
____	Das Ergebnis formulieren und	____________
____	Die Durchführung	____________
____	Die Materialien	____________
1	Die Überschrift	____________
____	In der ____________ die Versuchsfrage	____________

3 **a.** Schreibe die folgenden Sätze in der **man-Form** in dein Heft. /8 Punkte
b. Schreibe die gleichen Sätze im **Passiv** in dein Heft.

Ich lege zuerst sämtliche Materialien auf den Tisch.
Dann baue ich den Versuch genau nach der Anleitung auf.
Nun beobachte ich, was passiert.
Am Schluss notiere ich das Versuchsergebnis.

4 Vervollständige die folgende Checkliste. /5 Punkte
Du benötigst sie für Aufgabe 6 auf Seite 27.

Checkliste: Versuchsbeschreibung	ja	nein
Habe ich eine **Überschrift** und einen **Einleitungssatz** formuliert?	☐	☐
Habe ich alle ____________ vollständig aufgeschrieben?	☐	☐
Habe ich den ____________ genau und in der richtigen Reihenfolge beschrieben?	☐	☐
Habe ich die **Durchführung** und das **Ergebnis** genau beschrieben?	☐	☐
Habe ich das ____________ verständlich erklärt?	☐	☐
Habe ich **abwechslungsreiche** ____________ verwendet?	☐	☐
Habe ich im **Präsens** geschrieben?	☐	☐
Habe ich die ____________ oder das **Passiv** verwendet?	☐	☐
Ist meine Versuchsbeschreibung so genau, dass man den Versuch ohne die Bilder durchführen kann?	☐	☐

Gesamtpunktzahl: /25 Punkte

Carina hat aus Salzwasser erfolgreich Trinkwasser hergestellt.
Du überarbeitest ihre Versuchsbeschreibung.

Achtung: Fehler!

Wie ich Salzwasser genießbar machte

Für diesen Versuch werden folgende Materialien benötigt:
ein Wasserkessel mit Pfeife, ein Handschuh-Topflappen, ein Pfund Salz.

Ich füllte etwa einen halben Liter Wasser in einen Kessel. Dann wird viel Salz hinzugefügt. Dann probierte ich die Mischung. Sie schmeckt unerträglich salzig. Dann wird der Deckel auf den Wasserkessel gesetzt und das Salzwasser zum Kochen gebracht. Dann streifte ich einen Handschuh-Topflappen über die Hand. Das ist wichtig, weil der Dampf sehr heiß ist. Dann stellte ich ein Glas unter die Tülle des Wasserkessels.
Das Ergebnis ist leicht zu erklären, denn beim Kochen verdampft nur das Wasser und nicht das Salz. Das Salz bleibt im Kessel.
Sobald das Wasser kocht und aus der Tülle Dampf austritt, hielt ich einen Löffel in den Dampf. Es kann beobachtet werden, dass der Dampf sofort kondensiert und sich am Löffel Wassertropfen bilden, die dann in das Glas tropfen. Ich probierte einen kleinen Schluck Wasser aus dem Glas. Dadurch wird als Ergebnis festgestellt, ob die Entsalzung funktioniert hat.

Punkte

1 a. Lies Carinas Versuchsbeschreibung.
b. Welche Materialien fehlen? Schreibe sie auf. — /2 Punkte

2 a. Prüfe, welcher der sechs Schritte einer Versuchsbeschreibung fehlt.
b. Schreibe für diesen Schritt einen Satz in dein Heft. — /2 Punkte

3 a. Ein Schritt der Versuchsbeschreibung steht an der falschen Stelle.
b. Wohin gehören diese beiden Sätze? Zeichne einen Pfeil an den Rand. — /2 Punkte

4 a. Ein Satzanfang wiederholt sich fünfmal. Streiche ihn viermal durch.
b. Schreibe dafür abwechslungsreiche Satzanfänge an den Rand. — /4 Punkte

5 Carina hat an vielen Stellen das **Präteritum** in der **Ich-Form** verwendet.
Markiere **ich** und alle **Verbformen im Präteritum**. — /12 Punkte

6 a. Überarbeite die Versuchsbeschreibung. Schreibe in dein Heft.
- Verwende deine Ergebnisse aus den Aufgaben 1 bis 4. — /12 Punkte
- Ersetze alle markierten Verben durch das **Passiv im Präsens**. — /12 Punkte

b. Überprüfe dein Ergebnis mit der Checkliste auf Seite 26. — /9 Punkte

Gesamtpunktzahl dieser Seite: /55 Punkte
Gesamtpunktzahl vorheriger Seite: /25 Punkte
Versuche beschreiben – Gesamtpunktzahl: /80 Punkte

Stellung nehmen

Zu dem folgenden Thema nimmst du in einem Brief Stellung.

Anne Helling
Gemeinschaftsschule Süsel
Am Schulzentrum 3
23456 Süsel

Süsel, 20. 5. 2010

Eltern und Schüler/Schülerinnen
der Klasse 7 a
Gemeinschaftsschule Süsel

Elektronische Geräte auf der Klassenfahrt

Liebe Eltern, liebe Schülerinnen und Schüler,

nach eingehender Diskussion mit den beteiligten Lehrkräften haben wir beschlossen, für die anstehende Klassenfahrt ein Verbot der Nutzung von elektronischen Geräten zu verhängen, da der Gebrauch von Handys, MP-3-Playern und Spielkonsolen das soziale Leben auf einer Klassenfahrt beeinträchtigt. Nach Erfahrung vieler Lehrkräfte sind die Schülerinnen und Schüler auf der Klassenfahrt zunehmend durch Anrufe, SMS-Schreiben und Musikhören abgelenkt. Des Weiteren gab es in der Vergangenheit bereits Fälle von Handymobbing und auch Diebstahl der Geräte.

Ich hoffe auf Ihr bzw. euer Verständnis und verbleibe mit freundlichen Grüßen

Anne Helling
Klassenlehrerin

1 Lies den Brief genau. Beantworte die folgenden Fragen in deinem Heft.
A Wer hat den Brief geschrieben?
B An wen richtet sich der Brief?
C Was wird auf der Klassenfahrt verboten?

In dem Brief gibt es eine Behauptung und Argumente.

Merkwissen

Du kannst **andere überzeugen**, wenn du deinen Standpunkt (deine Meinung) mit Argumenten begründest.
Behauptung (Meinung): MP-3-Player stören die Klassengemeinschaft.
Argument (Begründung): Man hört Musik, statt sich zu unterhalten.

2 **a.** Lies das Merkwissen.
b. Markiere in dem Brief die **Behauptung** der Klassenlehrerin blau.
c. Markiere in dem Brief die **Argumente** rot.
d. Schreibe die Behauptung und die Argumente in dein Heft.

Auf dem Schulhof gibt es unterschiedliche Meinungen zu dem Brief.

3 **a.** Lies die Sprechblasen am Rand.
b. Welche zwei Sprechblasen gehören jeweils inhaltlich zusammen? Nummeriere jeweils zwei Sprechblasen mit der gleichen Zahl.
c. Markiere Sprechblasen mit **Behauptungen** blau.
d. Markiere Sprechblasen mit **Argumenten** rot.

- Das Handy gibt mir Sicherheit. (1)
- Es ist sicherer, keine elektronischen Geräte mitzunehmen. ( )
- Ein MP-3-Player trägt zu meinem Wohlbefinden bei. ( )
- Auf jeden Fall ist es billiger. ( )
- Keine elektronischen Geräte mitzunehmen, fördert die Klassengemeinschaft. ( )
- Ich kann meine Eltern und Freunde anrufen. (1)
- Man macht dann eher gemeinsam Spiele oder Sport, statt alleine Musik zu hören. ( )
- Musik entspannt mich beim Einschlafen. ( )
- Die Telefonkosten sind hoch, wenn man immer zu Hause anruft. ( )
- Man muss nicht ständig auf sie aufpassen. ( )

Argumente kannst du nach Pro (für) und Kontra (gegen) ordnen.

4 **a.** Ordne die Argumente aus den Sprechblasen nach Pro (für ein Verbot) und Kontra (gegen ein Verbot) in einer Tabelle. Schreibe in dein Heft.
- Verbinde dabei die Behauptungen und Argumente zu einem Satz.
- Verwende dazu Konjunktionen, wie zum Beispiel **weil** und **da**.

b. Ergänze in der Tabelle drei eigene Argumente.

mehr zu Konjunktionen ➤ S. 80–81

Starthilfe

Pro (für ein Verbot)	Kontra (gegen ein Verbot)
- Es ist sicherer, keine elektronischen Geräte mitzunehmen, weil man dann nicht ständig auf sie aufpassen muss. - ...	- ... - ...

Bevor du eine eigene Stellungnahme schreibst, musst du den Arbeitsauftrag genau verstehen.

Dein Arbeitsauftrag

Schreibe eine Stellungnahme in Form eines Briefes zu der Frage: sollen elektronische Geräte auf Klassenfahrten verboten werden?
- Entscheide dich für einen Standpunkt und begründe ihn mit drei Argumenten.
- Verwende mindestens ein Argument aus dem Brief oder aus den Sprechblasen von Seite 28.
- Adressiere deinen Brief an die Klassenlehrerin der Klasse 7 a.

5 **a.** Lies deinen Arbeitsauftrag genau.
b. Beantworte die folgenden Fragen. Schreibe auf die Linien.

A Was bedeutet „Eine Stellungnahme schreiben“?

Jn einer Stellungnahme sollte man seinen Standpunkt

B Zu welchem Thema sollst du Stellung nehmen?

____

C In welcher Form sollst du die Stellungnahme schreiben?

____

6 Schreibe in dein Heft, was du tun sollst.
Verwende dazu deine Antworten aus Aufgabe 5 c.
Die Fragen am Rand helfen dir.

Was sollst du schreiben?
Welche Form sollst du wählen?
Zu welchem Thema sollst du schreiben?
Für was sollst du dich entscheiden?
Womit sollst du etwas begründen?
Was sollst du dazu verwenden?
An wen sollst du deine Arbeit adressieren?

Arbeitstechnik

Eine Stellungnahme schreiben

In einer Stellungnahme begründest du deinen Standpunkt mit Argumenten. Die Stellungnahme besteht aus einer Einleitung, einem Hauptteil und einem Schluss.
- Beschreibe in der **Einleitung**, zu welcher Angelegenheit oder Frage du Stellung nimmst.
- Begründe im **Hauptteil** deinen Standpunkt mit Argumenten. Führe mindestens drei Argumente an. Dein stärkstes Argument solltest du zuletzt anführen. Du kannst deine Argumente mit Beispielen veranschaulichen.
- Fasse deinen Standpunkt am **Schluss** noch einmal zusammen.

In einem Brief Stellung nehmen

Du hast dich für oder gegen ein Verbot von elektronischen Geräten auf Klassenfahrten entschieden.

1 Beginne deine Stellungnahme mit einer **Einleitung**.
Gib an, zu welchem Thema du Stellung nimmst. Schreibe in dein Heft.

Starthilfe

Auf der Klassenfahrt der Klasse 7 a sollen elektronische Geräte verboten werden, weil ...

2 Schreibe den **Hauptteil** deiner Stellungnahme in dein Heft.
- Begründe mit drei Argumenten, warum du für oder gegen ein Verbot von elektronischen Geräten auf Klassenfahrten bist.
- Führe dein stärkstes Argument zum Schluss an.
  Du kannst die Wortgruppen vom Rand verwenden.

Meiner Meinung nach ...
Ich glaube nicht, dass ...
Ein weiteres Argument dafür/dagegen ist ...

3 Schreibe den Schluss deiner Stellungnahme.
Fasse deinen Standpunkt zusammen. Schreibe in dein Heft.

Starthilfe

Abschließend möchte ich festhalten, dass ...

Z **Du kannst in deiner Stellungnahme ein Gegenargument entkräften.**

4 **a.** Kreuze deinen Standpunkt in der Tabelle an.
b. Markiere in dem Gegenargument die Behauptung blau und das Argument rot.

☐ Pro (für das Verbot)	**Gegenargument:** Eine Spielkonsole fördert die Gemeinschaft, weil sie ein tolles Spielzeug ist und man sie anderen ausleihen kann.
☐ Kontra (gegen das Verbot)	**Gegenargument:** Es ist sicherer, Spielkonsolen usw. nicht mitzunehmen, weil sie dann nicht gestohlen werden können.

c. Entkräfte das Gegenargument. Schreibe in dein Heft.
Tipp: Verneine zuerst die Behauptung des Gegenarguments.

Starthilfe

Ich finde, dass eine Spielkonsole die Gemeinschaft nicht fördert, weil ...

Deine Stellungnahme richtest du in einem Brief an die Klassenlehrerin.

5 Schreibe den ersten Satz deines Briefes.
Erwähne darin, dass du den Brief der Klassenlehrerin gelesen hast.
Schreibe in dein Heft.

➤ Die Arbeitstechnik „Einen offiziellen Brief schreiben" findest du auf der hinteren Klappe.

6 Schreibe deine Stellungnahme auf einen Briefbogen.
- Beachte die Tipps für offizielle Briefe.
- Verwende das aktuelle Datum und deine Adresse als Absender.
- Übernimm Empfängeradresse und Betreff aus dem Brief auf Seite 28.
- Verwende deine Ergebnisse zu den Aufgaben 1 bis 5.
- Gliedere den Brief in Einleitung, Hauptteil und Schluss.
- Ordne deine Argumente in einer sinnvollen Reihenfolge.
- Beende deinen Brief mit der Grußformel und der Unterschrift.

Eine Stellungnahme (Brief) überarbeiten

Die Klasse 7 b ist für ein Verbot von elektronischen Geräten auf ihrer Klassenfahrt. Ihren Brief an den Klassenlehrer musst du überarbeiten.

Jonna, Carl, Thea, Per usw.
Gemeinschaftsschule Süsel
Am Schulzentrum

30.05.2010

An Jens-Peter Lustig
23456 Süsel

Hallöchen Herr Lustig,

wir finden es gut, dass elektronische Geräte auf der Klassenfahrt der Klasse 7 a verboten sind. Das Mitnehmen von Handys usw. finden wir auch schlecht, wegen unsozial. Wenn keiner elektronische Geräte dabei hat, wird auch niemand mehr dafür gedisst, dass er sich keinen MP-3-Player oder keine Spielkonsole nicht besorgen kann. Und man muss keine Muffe mehr haben, dass man heimlich fotografiert wird.
Wir möchten, dass auf unserer nächsten Klassenfahrt dieses Zeug ebenfalls verboten wird.

Ihre Klasse 7 b

Klasse 7b

Die Hausnummer fehlt.

8 **a.** Lies den Brief. Überprüfe mit der Checkliste, ob der Brief alle wichtigen Informationen enthält.
b. Notiere am Rand, welche Informationen fehlen.
c. Ersetze die blau markierten Stellen durch bessere Formulierungen. Schreibe sie am Rand auf.

9 **a.** Markiere die Argumente im Brief rot.
b. Überarbeite die drei Argumente. Formuliere die Begründungen neu. Verwende keine Umgangssprache. Schreibe in dein Heft.

Starthilfe
Wir finden das Mitnehmen von elektronischen Geräten schlecht, weil dadurch das soziale Leben ...

10 **a.** Überarbeite den Brief vollständig. Schreibe auf einen Briefbogen.
b. Überprüfe dein Ergebnis mit der Checkliste.

Checkliste: In einem Brief Stellung nehmen	Aufgabe 6		Aufgabe 10	
	ja	nein	ja	nein
Habe ich die Adressen von **Absender** und **Empfänger** genannt?	☐	☐	☐	☐
Habe ich **Ort**, **Datum** und **Anrede** verwendet?	☐	☐	☐	☐
Habe ich einen **Betreff** eingefügt?	☐	☐	☐	☐
Habe ich den **Grund** oder den **Anlass** des Briefes genannt?	☐	☐	☐	☐
Habe ich **meinen Standpunkt** geäußert?	☐	☐	☐	☐
Habe ich mindestens **drei Argumente** angeführt?	☐	☐	☐	☐
Steht mein **wichtigstes Argument** am **Schluss**?	☐	☐	☐	☐
Habe ich am Ende meinen **Standpunkt** zusammengefasst?	☐	☐	☐	☐
Endet mein Brief mit der **Grußformel** und meiner **Unterschrift**?	☐	☐	☐	☐
Habe ich die **Rechtschreibung** überprüft?	☐	☐	☐	☐

Das kann ich! – Stellung nehmen

Dein Arbeitsauftrag

Überzeuge die Parallelklasse 7 c von der Aktion „Keine Süßigkeiten auf der Klassenfahrt". Schreibe eine Stellungnahme in Form eines Briefes.
Nutze dazu die Materialien auf dieser Seite.
- Begründe den vorgegebenen Standpunkt mit mindestens drei Argumenten. Dabei darfst du auch eigene Argumente verwenden.
- Beachte alle formalen Anforderungen an einen offiziellen Brief.
- Adressiere deinen Brief an die Klasse 7c, Stadtparkschule Lübeck, Schulstr. 5, 56789 Lübeck.
- Verwende für den Absender die Anschrift deiner Schule.

Punkte

Die Klasse 7 b plant eine Klassenfahrt ohne Süßigkeiten. Sie möchte auch die Parallelklasse 7 c von ihrer Aktion überzeugen.

1 Lies den Handzettel der Klasse 7 b und den Zeitschriftenausschnitt.

Ohne Süßigkeiten geht's auch!

Beteiligt euch mit eurer Klasse an der Aktion „Eine Klassenfahrt ohne Süßigkeiten ist gesünder" und gewinnt einen von vielen tollen Preisen! Warum ihr das tun solltet? Dafür gibt es viele Gründe!
- *Jhr verringert die Gefahr von Karies und anderen Zahnkrankheiten.*
- *Jhr werdet nicht dicker.*
- *Zucker macht nur kurz satt.*
- *Jhr schärft euer Körperbewusstsein.*
- *Durch den Verzicht werdet ihr stark.*
- *Jhr spart Geld.*
- *Jhr könnt Müll vermeiden.*
- *Eine gesunde Ernährung ergänzt euer sportliches Programm.*

Lecker, aber ungesund

Wer häufig Süßes isst oder auch salzige Snacks, kann gesundheitliche Probleme bekommen. Da Schokolade und Kuchen nicht nur süß, sondern auch fett sind, Chips und andere Snacks teilweise nur fett, riskiert man Übergewicht. Die überwiegend gesättigten Fettsäuren (ungesundes Fett), die darin enthalten sind, sind ungünstig für unsere Gesundheit. Außerdem liefern Süßigkeiten und Snacks niemals so viele Vitamine und Mineralstoffe wie Gemüse, Obst und die übrigen Grundnahrungsmittel.

2 **a.** Markiere im Handzettel und im Zeitschriftenausschnitt je zwei überzeugende Argumente rot. /4 Punkte
b. Ergänze die folgenden Sätze mit zwei Argumenten aus Aufgabe 2 a. /4 Punkte
c. Schreibe ein eigenes Argument dazu. /2 Punkte

Eine Klassenfahrt ohne Süßigkeiten ist gut, da ______________________

____

Außerdem ______________________________________

____

____

____

Mithilfe deiner Ergebnisse bearbeitest du den Arbeitsauftrag.

3 Lies den Arbeitsauftrag oben genau, bevor du anfängst zu arbeiten. /34 Punkte
Tipp: Schreibe zuerst die Stellungnahme vor. Schreibe danach den ganzen Brief ordentlich auf einen Briefbogen.

Gesamtpunktzahl dieser Seite: /44 Punkte

Einige Schüler sind mit der Aktion nicht einverstanden.
Du überarbeitest ihren Antwortbrief.

Punkte

Max Falck (Klassensprecher)
Klasse 7c der Stadtparkschule
Schulstr. 5
56789 Lübeck

Moin Klasse 7 b,

wir wollen mit euch auf Klassenfahrt. Aber wir möchten da doch Süßigkeiten essen, weil wir das zu Hause auch machen. Das trägt nämlich zu unserem Wohlbefinden bei. Außerdem sind wir alle schlank und gemeinsam Süßigkeiten zu essen, macht Spaß!

CU

Max, Klasse 7c

4 **a.** Markiere in dem Brief vier **Argumente** rot. /4 Punkte
b. Ergänze den folgenden Satz mit einem eigenen Argument. /2 Punkte

Ich bin der Meinung, dass Süßigkeiten auf der Klassenfahrt erlaubt sein sollten, da ____________________ .

5 **a.** Überprüfe den Brief mit der Checkliste von Seite 31.
b. Schreibe drei fehlende Angaben neben den Brief. /3 Punkte
c. Zwei Stellen sind sehr umgangssprachlich formuliert. /2 Punkte
Markiere die Stellen und schreibe bessere Formulierungen an den Rand.

6 Schreibe den Brief neu in dein Heft. /10 Punkte
- Überarbeite dabei alle formalen Fehler aus Aufgabe 5.
- Ergänze dein eigenes Argument aus Aufgabe 4.

Bearbeite die folgenden Testaufgaben.

7 Ergänze die Lücken.

In einer Stellungnahme kann ich andere von meinem __________ überzeugen, indem ich gute __________ anführe. /2 Punkte

8 Was musst du in einer Stellungnahme tun? Ergänze die folgenden Sätze. /6 Punkte

In der Einleitung __________ .

Im Hauptteil __________ .

Zum Schluss __________ .

9 Bringe die Bestandteile eines offiziellen Briefes in die richtige Reihenfolge. / 7 Punkte
Nummeriere sie von 1 bis 7.

Bestandteile eines offiziellen Briefes:
☐ Unterschrift, ☐ Empfänger,
☐ Grußformel, ☐ Anrede, ☐ Absender,
☐ Betreff, ☐ Brieftext

Gesamtpunktzahl dieser Seite: /36 Punkte
Gesamtpunktzahl vorheriger Seite: /44 Punkte
Stellung nehmen – Gesamtpunktzahl: /80 Punkte

Zu Prosatexten schreiben

Zu dem folgenden Text schreibst du eine Inhaltsangabe, beschreibst eine Figur und erläuterst eine Textstelle. Dazu musst du zuerst den Text genau lesen und verstehen.

dein Arbeitsauftrag zu der Erzählung ➤ **S. 36**

1 **a.** Lies den Text mithilfe des Textknackers.
b. Schreibe in dein Heft, was dir der Titel erzählt.

➤ Die Arbeitstechnik „Der Textknacker" findest du in der vorderen Klappe.

Der Boxring Klaus Kordon

Ich war in der Nachkriegszeit Kind. Die Straße, in der ich aufwuchs, war nicht so ausgebombt wie die Nachbarstraßen. Wir hatten Glück gehabt. Gleich gegenüber der Kneipe aber, die meine Mutter bewirtschaftete, lag der Nordmarkplatz. Und daneben eine große Ruine.

In dieser Ruine trieben wir Kinder uns herum, bauten Höhlen aus den herumliegenden Ziegelsteinen, deckten sie mit Blech ab und verkrochen uns darin, um in kleinen Friedenspfeifen trockenes Laub zu qualmen. Die Ruine war unser Abenteuerspielplatz. Nur Weniges konnte uns fortlocken. Eines Sommers jedoch hämmerten auf dem Nordmarkplatz mehrere fünfzehn- bis achtzehnjährige Jungen vier verrostete Eisenstangen im Viereck in die Erde und spannten von Stange zu Stange ein Seil. Ein Boxring entstand. Und von nun an trafen sich die Jungen dort, um mit selbst gefertigten Boxhandschuhen aufeinander einzuschlagen. Andere Jungen spielten Publikum, feuerten die Boxer an, rauchten und lachten und riefen den Mädchen nach.

Meine Freunde und ich, wir bewunderten die großen Jungen, und einer fiel uns besonders auf; einer, der gar nicht boxen konnte: Harry! Harry war ziemlich dünn und bewegte sich sehr steif, und immer wenn er an der Reihe war, die Boxhandschuhe anzuziehen, dauerte es keine zwei Minuten, und er lag am Boden. Die großen Jungen, die den Ring umstanden, lachten dann jedes Mal. „Mensch, Harry! Lass es lieber sein. Du schaffst es nie."

Ein anderer, viel besserer Boxer wurde Sharkie gerufen. Weil er einen schiefen Mund hatte. Shark ist englisch und bedeutet Haifisch und ganz sicher war Sharkie der talentierteste der Jungen. Immer wieder zogen seine Gegner mit einem blauen Auge, einer blutenden Nase oder aufgeplatzten Lippen ab. Die meisten Jungen traten deshalb nicht gern gegen Sharkie an.

Nur Harry opferte sich jedes Mal neu.

Er tat mir leid, aber ich verstand ihn nicht: Wie konnte er sich nur immer wieder freiwillig verprügeln lassen!

Dann tauchte eines Tages ein plattnasiger älterer Mann am Boxring auf: Alfredo Schulze, einst ein stadtbekannter Boxer. Schulze begann, die Jungen zu trainieren. Sie lernten bei ihm Deckung, Clinch und Beinarbeit, und jeden zweiten Sonntag veranstalteten sie Meisterschaften, die bald in der ganzen Gegend bekannt waren. Wer einigermaßen in Boxringnähe stehen wollte, musste früh dort sein. Meine Freunde und ich waren immer die Ersten und konnten bald voraussagen, wer wen schlagen würde. Und natürlich war es Sharkie, der alle zwei Wochen Nordmarkplatz-Meister wurde.

Meine Sympathie jedoch galt Harry, der so gut wie gar keine Chance hatte, doch am eifrigsten trainierte, immer wieder zu den Kämpfen antrat, schlimme Prügel bezog und von den Mädchen im Publikum ausgelacht wurde. Alfredo Schulze sagte zu Harry: „Junge, lass es sein! Hast einfach kein Talent, bist viel zu steif." Harry zog nur die Stirn kraus und ging. Und war am nächsten Kampftag wieder da ... Und bezog erneut Prügel. Ich wünschte Harry so sehr, dass er auch mal gewann. Wenigstens ein einziges Mal.

Eines Abends, es war noch hell, kam ich dann von einem Freund und musste über den Nordmarkplatz. Es war kein Kampftag, dennoch hörte ich aus einer dunklen Ecke zwischen Bäumen und Sträuchern ein Prusten und Schnauben und immer wieder dumpfe Schläge. Neugierig spähte ich durch die Büsche – und da sah ich ihn: Harry! Er hatte einen mit Lumpen vollgestopften Rucksack über den Ast eines Baumes gehängt und trommelte heftig auf ihn ein. Seine wuchtigen Schläge ließen den Ersatz-Punchingball pendeln und tanzen. Still setzte ich mich ins Gras und sah zu. Noch hatte Harry mich nicht bemerkt. Erst als er ermattet die Arme sinken ließ, machte ich mich bemerkbar.
„Trainierst du jetzt allein?", fragte ich.
Harry fuhr herum und war sehr verlegen. Doch dann ließ er sich neben mich ins Gras fallen und atmete tief durch. „Das mache ich, um meine Kondition zu verbessern. Mir fehlt da noch 'ne ganze Menge." Es war das erste Mal, dass ich Gelegenheit hatte, mit einem der Boxer zu reden. „Willst wohl auch mal gewinnen?", fragte ich und musste daran denken, wie sehr ich mir das wünschte. Er setzte sich auf und fuhr sich mit der Hand durch das nass geschwitzte Haar. „Ja", sagte er dann. „Eigentlich schon. Aber in der Hauptsache will ich mich selbst besiegen … Kann's nicht mehr hören, wenn alle sagen: Du schaffst das nie, du bist zu steif." Ich schwieg. Sich selbst besiegen? Konnte einer so etwas denn überhaupt schaffen?
Harry stand auf, nahm sein Hemd von den Büschen und zog es über. „Und außerdem", sagte er dabei, „macht mir das Boxen viel zu viel Spaß, um so einfach damit aufzuhören." Er lächelte. „Hast richtig gehört, obwohl ich immer verliere, macht es mir Spaß."
Der Sommer ging vorüber und nicht ein einziges Mal habe ich Harry siegen sehen. Und im Herbst zog es Alfredo Schulze zu einem richtigen Boxklub. Er wollte dort als Trainer arbeiten und sagte, wer es ernst mit dem Boxen meine, der solle mitgehen. Es gingen aber nur zwei Jungen mit. Der eine von den beiden war Harry. „Junge, das bringt doch nichts", sagte Schulze. Harry erwiderte nur, wenn er nicht störe, würde er gern mittrainieren.
Ich begriff nicht, weshalb nicht auch Sharkie zum Boxklub ging. Vielleicht würde er dort ja wirklich „eine große Nummer" werden, wie Alfredo Schulze es ihm prophezeit hatte, wenn er nur tüchtig genug trainierte. Sharkie und die meisten anderen Jungen aber hatten inzwischen vom Boxen die Nase voll. Sharkie glaubte wohl, genügend bestaunt und bewundert worden zu sein. Und im Boxklub hätte er nicht mehr rauchen dürfen.
Trafen die großen Jungen sich jetzt auf dem Nordmarkplatz, lungerten sie nur noch herum, spielten Fußball, rauchten oder verspotteten Vorübergehende. Das war nicht mehr interessant.
Es muss so etwa vier, fünf Jahre später gewesen sein, da las ich eines Tages in der Sportzeitung einen Bericht über die Berliner Boxmeisterschaften und glaubte, meinen Augen nicht trauen zu dürfen. Stand da doch, dass Harry Lange aus dem Stadtteil Prenzlauer Berg Meister im Bantamgewicht[1] geworden war. Harry Lange? War das mein Harry? Der steife Harry? Der untalentierte Harry? Es konnte ja noch mehr Boxer mit diesem Namen geben. Doch da, ein Foto, ein Gruppenbild aller Meister – und der Boxer ganz links, das war eindeutig mein Harry!
Lange starrte ich das Foto an, noch zweimal las ich den Bericht, doch nichts änderte sich: Der steife Harry, er hatte es tatsächlich geschafft – er hatte sich selbst besiegt!

1 das Bantamgewicht: eine Gewichtsklasse beim Boxen, in der die Boxer bis 54 kg wiegen.

Bevor du arbeitest, musst du deinen Arbeitsauftrag genau verstehen.

Eine Aufgabe genau verstehen
➤ S. 8–9

Dein Arbeitsauftrag

- Schreibe eine Inhaltsangabe zu „Der Boxring“. Berücksichtige dabei, **wer** die Geschehnisse erzählt und wie der Erzähler über Harry denkt. Lies zuvor den Text genau und achte auf die Handlungsbausteine.
- Beschreibe die Hauptfigur. Untersuche, was du über ihr Verhalten und ihre Gefühle im Text erfährst.
- **Zusatzaufgabe:** „Sich selbst besiegen? Konnte einer so etwas denn überhaupt schaffen?“ Finde diese Textstelle. Was bedeuten diese Fragen? Beantworte die Fragen mit Zitaten.

2 **a.** Lies den Arbeitsauftrag genau. Markiere die Aufforderungsverben oben.
b. Sind die folgenden Aussagen richtig oder falsch? Kreuze an.

		richtig	falsch
A	Ich soll eine Inhaltsangabe zu der Erzählung schreiben.	☒	☐
B	Ich soll die Handlung lebendig nacherzählen.	☐	☐
C	Ich soll eine bestimmte Textstelle finden.	☐	☐
D	Ich soll auf die Handlungsbausteine achten.	☐	☐
E	Ich soll alle Figuren genau beschreiben.	☐	☐
F	Ich soll eine Frage der Hauptfigur mit Zitaten aus dem Text beantworten.	☐	☐
G	Ich soll auch den Erzähler und seine Haltung zu Harry berücksichtigen.	☐	☐
H	Ich soll den Text genau lesen.	☐	☐
I	Ich soll die Geschichte frei interpretieren.	☐	☐
J	Ich soll die Hauptfigur beschreiben.	☐	☐
K	Ich soll das Verhalten und die Gefühle der Hauptfigur untersuchen.	☐	☐

3 Schreibe für alle drei Aufgaben des Arbeitsauftrags in dein Heft, was genau du tun sollst.

Die Handlungsbausteine helfen dir, den Inhalt genau zu erfassen und die Hauptfigur zu ermitteln.

Hauptfigur und Situation	Wunsch	Hindernis	Reaktion	Ende

4 Ermittle mit den folgenden Fragen zunächst die Hauptfigur.
a. Lies den Text genau und suche dabei Antworten auf die Fragen.
b. Passen die Fragen auf den Erzähler oder auf Harry? Kreuze an.

		Erzähler	Harry
A	Wer ist mit der Situation am Anfang unzufrieden?	☒	☒
B	Wer überwindet Schwierigkeiten?	☐	☐
C	Welche Figur erreicht zuletzt ein Ziel?	☐	☐
D	Wer trifft auf Schwierigkeiten?	☐	☐
E	Welche Figur möchte etwas erreichen?	☐	☐

5 Wer ist die Hauptfigur der Erzählung – der Erzähler oder Harry? Begründe deine Entscheidung in ein bis zwei Sätzen. Schreibe in dein Heft.

6 Trage für die Inhaltsangabe die wichtigsten Ereignisse der Handlung zusammen.
a. Lege eine Tabelle zu den Handlungsbausteinen in deinem Heft an. Schreibe in die erste Spalte die Handlungsbausteine.
b. Schreibe in die zweite Spalte Fragen zu den Handlungsbausteinen.
c. Beantworte deine Fragen in Stichworten in der dritten Spalte.
Tipp: Markiere zuerst die Antworten auf deine Fragen im Text.

Starthilfe

Handlungsbaustein	Fragen	Antworten/Stichworte
Hauptperson und Situation	Wer ist die Hauptperson? Wann und wo spielt die Handlung? Wie ist die Situation am Anfang?	- Harry, 15–18 Jahre alt - Berlin, Nordmarkplatz - Harry verliert jeden Boxkampf. - Harry hat aber Spaß am Boxen.
Wunsch	...	...
...		

Auch der Erzähler ist eine wichtige Figur in dieser Geschichte. Du musst ihn deshalb in der Inhaltsangabe berücksichtigen.

7 Was erfährst du in der Geschichte über den Erzähler?
a. Lies noch einmal die Zeilen 1 bis 14.
b. Markiere alle Informationen zum Erzähler in einer besonderen Farbe.
c. Schreibe die Informationen in Stichworten auf.

Kind in Nachkriegszeit, ______________________

____

____

8 Was denkt der Erzähler über die Hauptfigur Harry?
a. Schreibe fünf Textstellen mit Zeilenangaben auf. Übernimm dafür die Tabelle in dein Heft.
b. Beschreibe die Gedanken im Präsens und in der Er-Form.

Starthilfe

Nr.	Zeile/Textstelle	Haltung des Erzählers
1	Zeile 15: „... wir bewunderten die großen Jungen ...“	er bewundert die Boxer, Harry fällt ihm auf
2	Zeile 27: „Er tat mir leid, aber ich verstand ihn nicht ...“	...
...		

Die Erzählperspektive
Beim Erzählen unterscheidet man die **Er-/Sie-Form** und die **Ich-Form**. Meist erkennt man diese Formen an den Personalpronomen im Text.

Du findest heraus, ob in der Ich-Form oder Er-/Sie-Form erzählt wird.

mehr zu Personalpronomen
➤ S. 95

9 Untersuche die Erzählperspektive in der Geschichte „Der Boxring“.
a. Lies die Informationen am Rand.
b. Markiere im ersten Absatz des Textes alle Personalpronomen.
c. Schreibe auf, um welche Erzählperspektive es sich handelt.

____

10 Beschreibe den Erzähler der Geschichte „Der Boxring“. Nenne dabei auch die Erzählperspektive.

Starthilfe

Der Erzähler in der Geschichte „Der Boxring“ war in der Nachkriegszeit Kind. Er erzählt in der ...

Eine Inhaltsangabe schreiben

Arbeitstechnik

Eine Inhaltsangabe schreiben
Eine **Inhaltsangabe** informiert **kurz** über den wesentlichen Inhalt eines Textes.
- In der **Einleitung** nennst du Autor, Titel, Textsorte und Thema.
- Im **Hauptteil** fasst du die wichtigsten Ereignisse der Handlung mithilfe der Handlungsbausteine zusammen.

Schreibe **sachlich** (ohne ausschmückende Elemente) und ersetze wörtliche Rede durch **indirekte Rede** mit dem Konjunktiv.
Schreibe im **Präsens**. Wenn Geschehnisse **vor** anderen stattgefunden haben, verwendest du das **Perfekt**.

1 **a.** Lies die Arbeitstechnik „Eine Inhaltsangabe schreiben".
b. Was musst du bei einer Inhaltsangabe beachten? Schreibe auf die Linien.

____

____

____

____

2 Zu welcher Textsorte gehört der Text „Der Boxring"? Kreuze an.

☐ eine Sportlerbiografie ☐ eine Erzählung
☐ ein Roman ☐ eine Zeitungsreportage

3 **a.** Welcher Satz gibt das Thema am besten wieder? Kreuze an.
b. Begründe deine Wahl in einem Satz. Schreibe in dein Heft.

Es geht darum, dass ...
☐ A ... ein untalentierter Boxer verprügelt und ausgelacht wird.
☐ B ... ein Boxer trotz anfänglicher Misserfolge nicht aufgibt.
☐ C ... Jugendliche sich in ihrer Freizeit mit dem Boxsport beschäftigen.
☐ D ... ein Trainer in seinem Klub junge Boxer zum Erfolg bringt.
☐ E ... ein talentierter junger Boxer den Boxsport aufgibt.

4 Schreibe eine Einleitung für die Inhaltsangabe in dein Heft. Verwende alle wichtigen Angaben zum Text und deine Ergebnisse aus den Aufgaben 2 und 3.

Wörtliche Rede musst du als indirekte Rede wiedergeben.

mehr zur indirekten Rede
➤ S. 72–73

5 Gib die folgenden Sätze in der indirekten Rede im Präsens wieder. Wähle dazu jeweils die richtige Form aus den Verbreihen.
Tipp: Verwende verschiedene Verben für „sagen" und „fragen".

Er: „Ich bin nicht gut genug." *Er meint, er sei nicht gut genug.*

Sie: „Du kannst es schaffen." ______________________________

Er: „Wie soll das gehen?" ______________________________

Sie: „Du hast gut trainiert." ______________________________

Er: „Meinst du wirklich?" ______________________________

Sie: „Du machst das schon." ______________________________

ist, sei, war
kann, könne, konnte
soll, solle, sollte
hat, habe, hatte
meint, meine, meinte
macht, mache, machte
will, wolle, wollte

6 **a.** Lies den folgenden Ausschnitt aus einer Inhaltsangabe.
b. Markiere drei Verben im Konjunktiv.
c. Welche Textstellen in wörtlicher Rede werden hier wiedergegeben? Schreibe die passenden Zeilenangaben aus dem Text am Rand auf.

Die Zuschauer rufen Harry immer wieder zu, er solle das Boxen sein lassen. Auch der Trainer der Jungen, Alfredo Schulze, sagt ihm eines Tages, dass er kein Talent habe und viel zu steif sei.

1. Textstelle: Zeile ______
2. Textstelle: ______

7 **a.** Finde die Textstellen und ergänze die Zeilenangaben.
b. Markiere die Personalpronomen in den Redebegleitsätzen im Text.
c. Kreuze an, wer die wörtliche Rede spricht.
d. Übertrage die Textstellen in die indirekte Rede. Schreibe in dein Heft.

Zeilen	Textstelle mit wörtlicher Rede	Harry	Ich-Erzähler
53	„Trainierst du jetzt allein?“, fragte ich.	☐	☐
______	„Willst wohl auch mal gewinnen?“, fragte ich …	☐	☐
______	„Ja“, sagte er dann. „Eigentlich schon. Aber in der Hauptsache will ich mich selbst besiegen … Kann's nicht mehr hören, wenn alle sagen: Du schaffst das nie, du bist zu steif.“	☐	☐

Starthilfe
Der Ich-Erzähler will von Harry wissen, ob er jetzt allein trainiere.
…

Du kannst wörtliche Rede auch mit eigenen Worten wiedergeben.

Z **8** **a.** Finde die Textstellen und ergänze die Zeilenangaben in Klammern.
b. Gib den Inhalt ohne indirekte Rede in eigenen Worten wieder.

(Zeile ______) „Junge, das bringt doch nichts“, sagte Schulze.

(Zeilen ______) „Hast richtig gehört, obwohl ich immer verliere, macht es mir Spaß.“

Starthilfe
Alfredo Schulze ist der Meinung, dass …

Die Inhaltsangabe schreibst Du noch einmal vollständig auf.

9 **a.** Schreibe die vollständige Inhaltsangabe in dein Heft.
- Beachte dabei alle Vorgaben des Arbeitsauftrags auf Seite 36.
- Nutze die Ergebnisse deiner Untersuchungen am Text.
- Verwende die Einleitung aus Aufgabe 4.
- Schreibe im Präsens und verwende indirekte Rede.

b. Überarbeite dein Ergebnis mit der folgenden Checkliste.

Starthilfe
Inhaltsangabe zu „Der Boxring“
Die Erzählung „Der Boxring“ von …

Checkliste: Inhaltsangabe	ja	nein
Habe ich in der **Einleitung** Autor, Titel, Textsorte und Thema genannt?	☐	☐
Habe ich im **Hauptteil** die wichtigsten Ereignisse der Handlung mithilfe der Handlungsbausteine zusammengefasst?	☐	☐
Habe ich **wörtliche Rede** durch **indirekte Rede** oder eigene Worte ersetzt?	☐	☐
Habe ich im **Präsens** geschrieben?	☐	☐

Eine literarische Figur beschreiben

Dein Arbeitsauftrag

Beschreibe die Hauptfigur. Untersuche, was du über ihr Verhalten und ihre Gefühle im Text erfährst.

1 **a.** Lies noch einmal den Arbeitsauftrag. Markiere die Aufforderungsverben.
b. Lies die Arbeitstechnik „Eine literarische Figur beschreiben".
c. Was genau sollst du tun? Schreibe in dein Heft.

Arbeitstechnik

Eine literarische Figur beschreiben
- Schreibe in die **Einleitung wichtige Angaben** zur Figur (Alter, Beruf, ...).
- Im Hauptteil beschreibst du:
  - alle **äußeren Merkmale** (Aussehen, Haltung, Bewegung, Sprache, ...),
  - alle **inneren Merkmale** (Charakter, Gefühle, Stärken, Verhalten, ...),
  - das **Verhältnis zu anderen Figuren**.
- Beschreibe zum **Schluss**, ob sich die Figur mit der Zeit **verändert**. Du kannst dabei auch ein **eigenes Urteil** über die Figur abgeben. Belege deine Aussagen mit **Textstellen** (Zeilenangaben) oder **Zitaten**. Schreibe im **Präsens**.

2 Welche **wichtigen Angaben** zur Hauptfigur gibt es im Text?
Schreibe die Angaben in Stichworten auf die Linie.

Name: Harry Lange, ____________________

3 **a.** Markiere Angaben zu Harrys **äußeren Merkmalen** im Text.
b. Schreibe genaue Angaben in Stichworten auf die Linie.

____

4 Wie und wie viel spricht Harry?
a. Beantworte die folgenden Fragen mit Zeilenangaben aus dem Text.
- Wo reagiert Harry ohne Worte darauf, dass jemand zu ihm spricht? ______
- An welchen Stellen spricht Harry mit dem Ich-Erzähler? ______

b. Kreuze den auf Harry zutreffenden Sprachstil an.
☐ Umgangssprache ☐ Standardsprache ☐ Jugendsprache ☐ Fachsprache

5 **a.** Markiere Angaben zu Harrys **inneren Merkmalen** im Text.
b. Beschreibe Harrys Wesen in Stichworten.
Du kannst einige Adjektive vom Rand verwenden.

mutig, ____________________

____

beharrlich, vorsichtig, willensstark, mutig, ausdauernd, ziellos, trotzig, zielstrebig, begeisterungsfähig, merkwürdig, feige

In einer Figurenbeschreibung kannst du Zitate verwenden.

Harry hat keine Angst, gegen Sharkie anzutreten: „Nur Harry opferte sich jedes Mal neu." (Zeile 26)

Zitate
Ein Zitat ist eine **wortwörtliche** Wiedergabe einer Textstelle. Das Zitat wird mit einem Doppelpunkt vom eigenen Text abgetrennt und in Anführungszeichen gesetzt. Dahinter folgt eine Zeilenangabe in Klammern.

6 **a.** Lies die Informationen zu Zitaten am Rand.
b. Markiere im folgenden Zitat alle Fehler.
c. Schreibe den Satz mit dem überarbeiteten Zitat in dein Heft.

Als der Trainer ihm abrät, bleibt er ruhig: „Harry zieht nur die Stirn kraus und geht. Und ist am nächsten Kampftag wieder da ... (Zeilen 41–42)

Bearbeite die folgenden Aufgaben in deinem Heft.

7 Beschreibe Harrys Verhalten als Sportler.
Belege deine Beschreibung mit Zitaten.

Starthilfe
Harry kann viel einstecken
...

8 Wie reagieren andere Figuren in der Erzählung auf Harry?
a. Suche passende Textstellen und ergänze die Zeilenangaben unten.
b. Beschreibe die Reaktionen der Figuren in ganzen Sätzen.
Du kannst auch Zitate verwenden. Schreibe in dein Heft.

zuschauende Jungen (Zeilen 19-20), Alfredo Schulze (Zeilen ________),
zuschauende Mädchen (Zeilen ________), Ich-Erzähler (Zeilen ________)

9 Schreibe den Schluss deiner Figurenbeschreibung in zwei bis drei Sätzen.
- Schreibe auf, ob sich Harry am Ende der Geschichte verändert.
- Ergänze dein eigenes Urteil zu der Figur.

Starthilfe
Aus dem steifen, untalentierten Verlierer wird am Ende nach ....

10 **a.** Schreibe die vollständige Figurenbeschreibung auf.
- Nutze die Ergebnisse der Aufgaben 2 bis 9.
- Beachte die Hinweise aus der Arbeitstechnik.

b. Überprüfe dein Ergebnis mit der Checkliste.

Checkliste: Figurenbeschreibung	ja	nein
Besteht meine Figurenbeschreibung aus **Einleitung**, **Hauptteil**, **Schluss**?	☐	☐
Habe ich in der Einleitung **wichtige Angaben** zur Figur gemacht?	☐	☐
Habe ich im Hauptteil die **äußeren** und **inneren Merkmale** der Figur beschrieben?	☐	☐
Habe ich zum Schluss **Veränderungen** der Figur beschrieben?	☐	☐
Habe ich **ein eigenes Urteil** über die Figur abgegeben?	☐	☐
Habe ich im **Präsens** geschrieben?	☐	☐

Z **11** **a.** Schreibe eine Figurenbeschreibung zu Sharkie in dein Heft.
b. Vergleiche Sharkie und Harry. Erkläre dabei den Unterschied zwischen „siegen“ und „sich selbst besiegen“.

Weiterführendes: Eine Textstelle deuten

In der Zusatzaufgabe beantwortest du eine Frage mithilfe von Zitaten.

Dein Arbeitsauftrag

Zusatzaufgabe: „Sich selbst besiegen? Konnte einer so etwas denn überhaupt schaffen?“ Finde diese Textstelle. Was bedeuten diese Fragen? Beantworte die Fragen mit Zitaten.

12 **a.** Schreibe zu der Textstelle die Zeilenangabe auf. ________________
b. Wer stellt diese Fragen? Nenne die Figur aus dem Text.

____

13 Was bedeutet für Harry, sich selbst zu besiegen?
a. Beantworte die Frage zunächst mit eigenen Worten.
b. Wähle passende Zitate aus dem Text, die die Frage beantworten.
c. Schreibe die Lösung der Zusatzaufgabe in dein Heft.

Z **14** Kennst du eine Person mit einer ähnlich hartnäckigen Zielstrebigkeit?
Schreibe eine Figurenbeschreibung dieser Person.

Das kann ich! – Zu Prosatexten schreiben

Dein Arbeitsauftrag

Untersuche den Text „Der Wahnsinnstyp oder: Während sie schläft".
- Schreibe mithilfe der Handlungsbausteine eine Inhaltsangabe des Textes. Berücksichtige dabei, wer die Geschehnisse erzählt.
- Beschreibe die Hauptfigur. Untersuche ihr Verhalten, ihre Gefühle und ihren Sprachgebrauch. Belege deine Ergebnisse mit geeigneten Textstellen.
- „Das Schlimmste ist nämlich nicht, dass ich in Gegenwart von so einem voll süßen Jungen keinen zusammenhängenden Satz rausbringe [...]" Wie sollte man in so einer Situation besser reagieren?

Beantworte die Frage mit Zitaten aus dem Text.

Der Wahnsinnstyp oder: Während sie schläft Katja Reider

Verdammt, jetzt ist mein Fuß eingeschlafen! Kein Wunder! Seit über einer Stunde sitze ich hier eingepfercht und bewegungslos wie ein hypnotisiertes Kaninchen auf meinem Fensterplatz in diesem sogenannten Großraumwagen. Rechts von mir ein verfetteter Anzugträger, der die Zeitung mit den großen Buchstaben liest, vor mir ein Tisch, den die Welt nicht braucht. Und gegenüber? Gegenüber ... sitzt ER!

Er war mir schon von weitem aufgefallen. Vorhin, als ich mich mit Sack und Pack durch den schmalen Gang des Wagens schob. Selbst auf gute acht Meter Entfernung hatte mich sein Blick derartig verwirrt, dass ich prompt meine Platznummer vergaß.

Ah, da: Nr. 95, Fensterplatz mit Tisch. Diesen bescheuerten Platz hätte ich mir selbst nie und nimmer reserviert! Den hatte ich natürlich Mama zu verdanken. („Ist doch praktisch, da kannst du schön dein Brot auspacken und dein Buch ablegen.")

Vor allem, Mama, kann ich mir den Jungen gegenüber angucken! Das heißt, ich könnte ihn angucken, wenn ich mich mal trauen würde, endlich von meinem Buch aufzuschauen. Seit über einer Stunde hocke ich hier und bin zur Salzsäule erstarrt. Das heißt, einmal hab ich was gesagt. Gleich zu Anfang, da hab ich meine Platzkarte in die Runde gehalten und „Nummer 95 – ist das hier?" gepiepst, so als könnte ich nicht lesen. Oder als müsste ich meinen Anspruch auf den Platz gegenüber von diesem Wahnsinnstyp quasi öffentlich nachweisen. Seitdem bin ich in der Versenkung meines Fensterplatzes verschwunden.

Ach ja, ich glaube, das Schlimmste habe ich noch gar nicht erwähnt.

Das Schlimmste ist nämlich nicht, dass ich in Gegenwart von so einem voll süßen Jungen keinen zusammenhängenden Satz mehr rausbringe – nein, das Schlimmste ist, dass der Wahnsinnstyp nicht alleine ist! Neben ihm sitzt ein Mädchen, vielleicht ein bisschen älter als ich, seine Freundin, klar. Ihr Kopf mit den langen blonden Haaren lehnt an seiner Schulter, ihr Atem geht ganz ruhig, nicht mal ihre Wimpern flattern. Sie schläft tief und fest. Schon die ganze Zeit. Und das bei dem Lärmpegel hier!

Bestimmt sind die beiden schon eine Weile zusammen. Ich glaube, wenn man sich erst kurze Zeit kennt, döst man neben so einem tollen Typ nicht einfach ein. Dazu ist doch sicher alles viel zu aufregend und zu kribbelig! Also, jedenfalls schläft man neben so einem Wahnsinnstyp nicht ein! Ich zumindest hätte auch viel zu viel Angst, dass mir der Sabber aus dem Mund läuft oder dass ich schnarche oder dass ich mit halb offenem Mund einen voll doofen Eindruck mache. All diese Ängste hat die Freundin von dem Wuschelkopf offensichtlich nicht. Braucht sie auch nicht. Sie sieht im Schlaf aus wie ein Engel. Leider.

Punkte

Nein, wirklich, ich kann beim besten Willen nichts Hässliches an ihr finden. Die beiden passen super zusammen.

Der Wahnsinnstyp sitzt ganz ruhig da und liest konzentriert in seinem Buch. Schade, ich kann den Titel nicht genau erkennen! Ich glaube aber, es ist irgendwas mit Außerirdischen. Jungs lesen ja oft so komische Sachen.

Oh, jetzt streicht er seine dunklen Locken nach hinten, um danach nur noch verwuschelter auszusehen. Echt, voll süß! Ich seufze. Anscheinend zu laut. Er schaut plötzlich von seinem Buch auf, genau in meine Augen. Keine Zeit mehr wegzusehen. Himmel, was hat der für Augen! Grün mit kleinen braunen Sprengseln drin. Jetzt grinst er leicht. Oh, Grübchen hat er auch ... nicht auszuhalten! Echt, bei Grübchen werde ich schwach.

Könnte ich jetzt nicht irgendwas sagen? Ich meine, irgendwas Lockeres, wahnsinnig Lustiges, das ihm in null Komma nichts deutlich macht, was für eine Ausnahmeerscheinung ihm hier gegenübersitzt? – Pustekuchen. Mein Kopf ist hohl wie eine Kokosnuss. Der Moment ist vorbei. Der Junge wendet sich ab und greift wieder nach seinem Buch. Er bewegt sich dabei ganz vorsichtig, um das schlafende Mädchen an seiner Schulter nicht zu stören. Rücksichtsvoll ist er also auch noch. Unglaublich.

Das Leben ist ungerecht. Wo sind wir eigentlich? Der Anzugträger ist in Bielefeld ausgestiegen und der Schaffner – nee; Zugbegleiter heißen die ja inzwischen – hat gerade den nächsten Bahnhof angekündigt. Schon quietschen die Bremsen. Ich sehe raus auf den Bahnsteig. Ah ja, das hier muss Wuppertal sein. Der zugbegleitende Schaffner pfeift. Die letzten Leute drängen zur Tür.

„Au Scheiße!“ Wie von der Tarantel gestochen schießt das blonde Mädchen von gegenüber urplötzlich von ihrem Sitz hoch, greift ihren Rucksack und stürmt grußlos den Gang hinunter. Der Wahnsinnstyp blickt kaum von seinem Buch auf.

WAS?! Jetzt kapiere ich überhaupt nichts mehr! Wieso bleibt denn der Typ hier seelenruhig sitzen? Träumt der, oder was? – Anscheinend mache ich ein derart dämliches Gesicht, dass der Lockenkopf Mitleid mit mir bekommt. Jedenfalls sagt er plötzlich: „Ich kannte sie gar nicht.“ „Hä?“, krächze ich verständnislos. Lieber Himmel, kann ich bitte, bitte bald einen normalen Satz sprechen?

Seltsam, jetzt wirkt der Junge auch irgendwie verunsichert. So als frage er sich plötzlich, ob mich diese Info überhaupt interessiert. „Das Mädchen!“, fügt er erklärend hinzu. „Die Blonde, die hier ... äh ... geschlafen hat.“ Er zeigt auf seine linke Schulter, als gäbe es im Zug noch hundert andere schlafende Blondinen, die gemeint sein könnten. „Sie hat mir beim Einsteigen in Berlin nur kurz gesagt, dass sie letzte Nacht kaum geschlafen hat, und dann war sie auch schon eingepennt.“

„Ach so, klar.“ Ich grinse und nicke dazu wie ein Hund mit Wackelkopf. „Ist ja verrückt.“ Okay, ganz ruhig bleiben! Das war schon fast ein ganzer Satz. Ich werde besser ...

Der Junge klappt sein Buch zu – er klappt sein Buch zu!!! Er will mit mir reden!!! – und lächelt. „Ich fahre nach Bonn, und du?“ „Ich auch. Ich fahre auch nach Bonn.“

Wuppertal – Bonn, genaue Fahrzeit mit dem ICE 640 Johannes Brahms: eine Stunde, zwei Minuten. 62 Minuten, um den Wahnsinnstyp zu erobern. 62 Minuten! Das schaffe ich!!

1 Lies den Arbeitsauftrag genau und bearbeite ihn. ____ /50 Punkte

Z **2** Der „Wahnsinnstyp“ findet die Ich-Erzählerin interessant. Aber an seiner Schulter schläft bereits das unbekannte Mädchen. Erzähle die Geschichte aus der Sicht des Jungen. Schreibe in dein Heft. ____ /30 Punkte

Gesamtpunktzahl: ____ /80 Punkte

Rechtschreibhilfen

Entwickle dein Rechtschreibgespür!
Lass Rechtschreibzweifel zu!
Ein Rechtschreibzweifel ist keine Schwäche, sondern eine Stärke.
Denn: Wenn du an einer Schreibung zweifelst, bist du auf der richtigen Spur. Du spürst: Hier muss ich eine Entscheidung treffen.
Rechtschreibhilfen helfen dir, richtige Entscheidungen zu treffen.

Das Ableiten

Merkwissen

ä/äu oder **e/eu**?
Findest du ein verwandtes Wort mit **a/au**, dann schreibe **ä/äu**, z. B.:
kr**ä**ftig – die Kr**a**ft, kr**a**ftvoll ? ä! ← **a**
das Geb**äu**de – der B**au**, b**au**en ? **äu**! ← **au**

Meine St■rken

Neulich kam eine Berufsberaterin in die Klasse 7 b. Sie fragte die Schülerinnen und Schüler, was sie werden wollen, und alle waren sich einig: Millionäre. Sie l■chelte und meinte: „Anf■nglich hat jeder davon getr■mt, mal eben reich zu werden, aber dann werden doch mehr Leute B■cker als Millionäre. Damit die Arbeit aber kein qu■lender Albtraum wird, sondern sogar Freude macht, sollte die Berufswahl in einem urs■chlichen Zusammenhang zur eigenen Begabung stehen. Es gibt Jugendliche, die gut z■hlen können und keine Angst vor Zahlen haben. Andere haben besonders geschickte H■nde, eine Voraussetzung für sehr viele Berufe. Mit einem sogenannten grünen Daumen kann man besonders in Blumenl■den oder G■rtnereien beruflich aufblühen. Eure Klassensprecher sind sicher nicht auf den Mund gefallen. Wer sich gern unterh■lt, für den w■re ein Beruf mit Kundengespr■chen geeignet. Auch eine Verk■ferin oder ein Verk■fer ber■t seine Kunden. Sie führen oft lange Gespr■che. Wer gerne aufr■mt und Ordnung h■lt, hat in vielen Berufen gute Chancen – diese Begabung wird immer gebraucht."
Was kannst du besonders gut? Entdecke deine St■rken!

1 **a.** Entscheide die Schreibung der blau gedruckten Wörter. Leite sie dazu von einem verwandten Wort ab.
b. Schreibe die blau gedruckten Wörter richtig auf die Linien. Ergänze in Klammern das verwandte Wort mit a/au.

Stärken (stark),

2 **a.** Schreibe den Text aus Aufgabe 1 in dein Heft.
b. Markiere die Wörter, bei denen du **ä** oder **äu** abgeleitet hast.

Merkwissen

Einige Wörter mit ä/äu kannst du nicht ableiten. Es sind **Merkwörter**, z. B.: **Lärm**.

3 **a.** Ordne die folgenden Wörter in eine Tabelle im Heft.
b. Markiere **ä** oder **äu**.

Lärm, März, spät, Mädchen, Schädel, täuschen, jäten, sägen, Träne, abwärts, fähig, ungefähr, Geschäft, schräg, Käse, Gerät, dämmern

Starthilfe

Merkwörter mit ä/äu		
Nomen	Verben	Sonstige Wörter
der Lärm, ...	...	...

4 Wähle drei Merkwörter aus.
Schreibe mit jedem Wort einen Satz in dein Heft.

Mit Wortfamilien üben

Merkwissen

Manche Wörter sind miteinander verwandt und bilden **Familien**.
Die Mitglieder einer Wortfamilie haben denselben **Wortstamm**,
z. B.: **fühl**en, das Mitge**fühl**, ein**fühl**sam, das Ge**fühl**, das Ehrge**fühl**.

5 Welche Wörter gehören zu welcher Wortfamilie?
Markiere in den Wörtern alle Wortstämme der Wortfamilien vom Rand.
Verwende dabei möglichst für jede Wortfamilie eine eigene Farbe.
Achtung: Acht Wörter gehören sogar zu zwei der Wortfamilien.

Die Wortfamilien:
stellen
fahren
fehlen

das Fahrrad, die Bestellfahrt, feststellbar, verfehlt, die Erfahrung, die Stelle, die Fehlfunktion, darstellen, gefährlich, der Fahrfehler, die Darstellung, die Fehlerstelle, fahrbar, herstellen, die Fehlfarben, vorstellbar, feststellen, unfehlbar, die Fahrerin, der Stellungsfehler, die Fehlfahrt, die Herstellung, zweistellig, fehlbar, die Stellung, der Fehlbetrag, das Verfahren, vierstellig, die Einstellung, fehlerhaft, die Antragstellung, die Abfahrt, fehlerlos, vorstellbar, fahrbereit, stellenweise, das Fehlverhalten, die Stellschraube, die Fahrerstelle, die Einstellfahrt, der Stellvertreter, das Fahrtenbuch, einstellig, gefahrlos, die Einfahrt, die Ausfahrt, das Fahrzeug, die Umstellung, die Fehlbestellung

6 **a.** Ordne die Wörter aus Aufgabe 5 nach Wortfamilien in einer Tabelle.
b. Markiere jeweils den Wortstamm der Wortfamilie.

Starthilfe

Wortfamilien		
stellen	fahren	fehlen
die Bestellfahrt, ...	die Bestellfahrt, ...	...

7 **a.** Lege für jede Wortfamilie eine Tabelle nach Wortarten im Heft an.
b. Trage die Wörter aus Aufgabe 5 in die richtigen Spalten ein.
c. Ergänze in jeder Spalte mindestens drei weitere Wörter.

Starthilfe

Wortfamilie stellen		
Nomen	Verben	Sonstige Wörter
die Bestellfahrt, ...	darstellen, ...	feststellbar, ...

8 Schreibe zu jeder Wortfamilie aus Aufgabe 5 drei Sätze auf. Verwende jeweils mehrere Wörter der Wortfamilie.

Starthilfe

Ich fahre mit dem Fahrrad auf der Fahrbahn ...

Z **9** Schreibe drei Sätze mit Wörtern aus allen drei Wortfamilien.

Starthilfe

Er stellte sein Fahrrad ab und sah, dass die Luftpumpe fehlte. ...

10 Finde im folgenden Text Wörter aus den sechs Wortfamilien vom Rand.
a. Markiere jeweils den Wortstamm.
b. Schreibe die Wörter der Wortfamilien geordnet in dein Heft.
c. Ergänze zu jeder Wortfamilie drei eigene Wörter.

Starthilfe

Wortfamilie passen: passt,
...

Das passt!

Mesut soll sich vorne hinsetzen und vorführen, wie man gleich große Papierstreifen schneidet. Er arbeitet mit viel Fingerspitzengefühl. Bevor er rechts schneidet, muss das Papier links auf einem Stoß liegen. Es muss alles passen. Er befühlt die linke Seite sorgfältig. Als sich alles gut anfühlt, fasst er fest und sicher zu, damit nichts mehr verrutscht. Dann führt er die Schere rechts zum Schnitt. Er muss das Gleiche zwar noch zweimal durchführen, aber nun hat er ein gutes Gefühl. Gedanklich befasst er sich schon mit dem Zusammensetzen, als er plötzlich beim Schneiden auf Widerstand stößt: sein kleiner Finger! Der ist aber noch ganz. Jetzt muss er die Schere neu ansetzen und sich noch einmal konzentrieren, damit nachher alles passt.

Die Wortfamilien:
passen, **stoß**en,
setzen, **führ**en,
fühlen, **fass**en

11 Schreibe den Text aus Aufgabe 10 in dein Heft.

12 Bilde neue Verben zur Wortfamilie **gehen**. Schreibe auf die Linien.

um + gehen = umgehen,

____

____

auf- vor- um- **gehen** unter- ein- über-

13 Markiere im Text alle Wörter der Wortfamilie **gehen**, **ging**, **gegangen**.

Die Kamele verlangsamten ihre Gangart. An der Tempelruine angekommen, unternahmen die Archäologen eine erste Begehung. Hinter einer Säule entdeckten sie einen Eingang zu einem Geheimgang. Sie gingen mit Lampen hinein. Nach einigen Metern gab eine Steinplatte unter den Füßen der vorausgehenden Archäologin nach. Kurz darauf hörten sie hinter sich lautes Getöse stürzender Steine und der Letzte der Gruppe entging nur knapp dem Schicksal, erschlagen zu werden. Sie waren in eine uralte Falle gegangen. Der Tag verging mit der Suche nach einem anderen Ausgang.

14 Finde weitere Wörter zur Wortfamilie **gehen**, **ging**, **gegangen**.
Schreibe auf die Linien.

____

____

____

Z **15** **a.** Markiere die Wortstämme der Verben am Rand.
b. Bilde möglichst viele neue Verben. Schreibe in dein Heft.

Starthilfe

stehen: verstehen, bestehen, gestehen, abstehen, ...

stehen, stoßen, fahren,
fühlen, passen, fassen,
setzen, stürzen

Das kann ich – Rechtschreibhilfen nutzen

Punkte

1 Ergänze die folgende Rechtschreibhilfe. /4 Punkte

Wenn ich unsicher bin, ob ein Wort mit ___ /___ oder **e/eu** geschrieben wird, wende ich das ______________ an. Ich suche ein ______________ Wort.

2 a. Ergänze die fehlenden Buchstaben. Wende dazu die Rechtschreibhilfe an. /4 Punkte
b. Schreibe das verwandte Wort auf die Linien dahinter.
c. Schreibe das ergänzte Wort noch einmal auf die letzte Linie.

Er tr____gt die Welt auf den Schultern. ______________ ______________

Sie l____ft morgens vor der Schule. ______________ ______________

Diese B____me blühen im April. ______________ ______________

Der Sand gl____nzt in der Sonne. ______________ ______________

3 Ergänze den folgenden Text. Schreibe in dein Heft. /10 Punkte

Im Gesch■ft

Das M■dchen sagt zu dem Verk■fer: „Ich h■tte gern einen Fisch, aber ohne Gr■ten bitte." Dieser guckt verst■ndnislos. „Haben wir nicht", antwortet er. „Schade, dann h■tte ich gern einen K■se." Da fragt der Verk■fer nach: „Sie wissen aber schon, dass dies ein Elektrofachgesch■ft ist?"

4 Ergänze die folgenden Merksätze. /4 Punkte

Wörter, die miteinander verwandt sind, bilden eine ______________________.

Die Wörter haben denselben ______________________.

5 a. Markiere in den Wörtern am Rand den gemeinsamen Wortstamm. /10 Punkte
b. Ordne die Wörter in die Tabelle ein. Ergänze bei den Nomen die Artikel.

Nomen	Verben	Sonstige Wörter
___	___	___
___	___	___
___	___	___
___	___	___
___	___	___

beabsichtigen,
sichtbar,
Aussicht,
Ansicht,
ersichtlich,
Absicht,
unsichtbar,
Gesicht,
Besichtigung,
besichtigen

6 Markiere im folgenden Text alle Wörter aus der Wortfamilie **liegen, lag, gelegen.** /8 Punkte

Er legte am Strand sein Liegetuch auf die Unterlage. Weil sein Magen knurrte, ging er zum Imbiss, um in der Auslage die Lage zu checken. Zu den Hotdogs gab es leckere eingelegte Gurken als Beilage. Das kam ihm gelegen und er nutzte die Gelegenheit sofort.

Gesamtpunktzahl: /40 Punkte

Großschreibung

Merkwissen

Aus Verben können Nomen werden.
Der Artikel **das** und die Wörter **beim, im, vom** und **zum** machen's!
z. B.: arbeiten ⟶ **das** Arbeiten / **beim** Arbeiten / **im** Arbeiten / **vom** Arbeiten / **zum** Arbeiten

Eine tolle Idee

Neulich kam mein Vater zu mir ins Zimmer und fand mich beim Basteln eines Automodells. Er fragte verwundert: „Seit wann macht dir das Montieren so kleiner Teile Spaß? Da wird mir vom Zuschauen schon ganz schwindelig." „Ich mache das gern", antwortete ich, „lieber als viele andere Dinge. Zum Kochen habe ich keine Lust und vom Umgraben im Garten bekomme ich Rückenschmerzen." „Hauptsache, du hast noch Lust zum Lernen", meinte mein Vater, „denn ohne gute Noten nützen dir deine anderen Talente nicht viel." „Wieso?", fragte ich. „Na", erklärte er, „beim Arbeiten braucht man auch den Kopf, beispielsweise zum Berechnen von Flächen, damit man weiß, wie viel Material man braucht. Stell dir vor, ich bin beim Verputzen eines Hauses und hätte vorher nicht genügend Material bestellt. Das wäre peinlich und teuer!" „Woher weißt du denn, wie viel Material du zum Verputzen brauchst?", fragte ich. „Weißt du was?", sagte da mein Vater, „in deinen Ferien nehme ich dich mal mit zur Arbeit und zeige dir einiges. Das Erklären macht ohne praktische Anwendung nicht so viel Sinn. Außerdem kannst du dir ein bisschen Geld verdienen – im Streichen von Fußleisten bist du doch gut." „Das ist eine tolle Idee", meinte ich, „versprochen?" „Versprochen!"

1 **a.** Markiere alle Wortgruppen mit Verben, die zu Nomen geworden sind.
b. Trage die nominalisierten Verben in die Tabelle ein.

das	beim	vom	zum
Montiren	beim Basteln	Zusehn	Kochen
Erklären	Arbeiten	Umgraben	Lernen
im	Verbutzen		Brechen
Streichen			Verbatzen

2 Erweitere die Wortgruppen aus der Tabelle mit passenden Adjektiven.

beim konzentrierten Basteln,

~~konzentriert~~, fleißig, schnell, genau, praktisch, ausführlich, großflächig (2x), bloß, exakt, mühevoll, lecker

3 Schreibe den Text aus Aufgabe 1 in dein Heft ab.

Merkwissen

Nominalisierte Verben haben Begleiter.
Artikel: laufen, **das** Laufen; lachen – **ein** Lachen
Präpositionen: lesen – **durch** Lesen;
gehen – **beim** (bei dem) Gehen
Adjektive: reden – **lautes** Reden; fahren – **ruhiges** Fahren

4 Markiere im Text die nominalisierten Verben mit ihren Begleitern.

Mathematik macht mir Freude. Das Rechnen mit Zahlen kann ich ganz gut. Besonders mag ich die Geometrie. Genaues Messen und das saubere Zeichnen liegen mir einfach. Englisch kann ich nicht so gut. Das nötige Auswendiglernen der Vokabeln dauert bei mir sehr lange und beim Schreiben mache ich noch Fehler. Meine Lehrerin sagt immer: „Nur Mut. Übung macht den Meister!"

5 Ergänze im Text die Verben vom Rand. Schreibe in dein Heft.
- Entscheide, ob es sich um ein nominalisiertes Verb handelt.
- Achte bei den übrigen Verben auf die passende Zeitform.

In den Ferien [redacted] ich meinen Vater auf eine Baustelle, um seine Arbeit kennen zu lernen. Ich [redacted] allen beim [redacted] zu. Zwei Maler [redacted] zum [redacted] auf das Gerüst. Ein anderer Arbeiter war mit dem [redacted] der Farbe beschäftigt. Mein Vater sagte: „Nur durch [redacted] kannst du [redacted], ob dir ein Bauberuf liegt. Hilf den Leuten doch mal für zwei Stunden." Das [redacted] der Farbeimer war sehr anstrengend und die Maler [redacted] sich ein [redacted] nicht verkneifen, weil ich mich oft ungeschickt [redacted].

begleiten, sehen, arbeiten, klettern, verputzen, anrühren, ausprobieren, feststellen, tragen, können, lachen, anstellen

Merkwissen

Aus Adjektiven können Nomen werden.
Die Wörter **etwas**, **nichts**, **viel** und **wenig** machen's!
alt ⟶ **etwas** Altes ⟶ **nichts** Altes ⟶ **viel** Altes ⟶ **wenig** Altes

6 **a.** Markiere im Text die nominalisierten Adjektive mit ihren Begleitern.
b. Ordne die markierten Wortgruppen in eine Tabelle im Heft.

In unserer Erdkundestunde haben wir viel Neues über den Kreislauf des Wassers erfahren. Etwas Interessantes stellte für unsere Klasse die Erkenntnis dar, dass ein Teil des Regens aus Meerwasser entsteht. Wenig Erfreuliches berichtete das Internet über das Wetter. Die Nachrichten bedeuteten nichts Gutes, da die Bundesjugendspiele wegen starken Regens wohl ausfallen mussten. Glücklicherweise hatten die Nachrichten wenig Verlässliches, denn es kam zu einer Wetteränderung und die Spiele fanden statt. Bei dem Ereignis konnte man zur Stärkung viel Köstliches kaufen, wie zum Beispiel belegte Brötchen mit Salat und Gurkenscheiben. Wer gern etwas Warmes essen wollte, bestellte sich gegrilltes Gemüse. Wer dagegen Süßigkeiten essen wollte, wurde enttäuscht. Da sich unsere Schule an einem Projekt zur gesunden Ernährung beteiligt, gab es nichts Süßes zu kaufen.

Starthilfe

etwas	nichts	viel	wenig
...	...	viel Neues	...

Z **7** Beantworte die folgenden Fragen in ganzen Sätzen. Schreibe in dein Heft.
- Woher stammt ein Teil des Regens?
- Warum gibt es in der Schule nichts Süßes zu kaufen?

Merkwissen

Das starke Wort **im** kann aus Adjektiven Nomen machen (Nominalisierung), z. B.:
im + **übrig** → Dazu möchte ich **im Übrigen** nichts mehr sagen.

8 **a.** Bilde Nomen. Schreibe auf die Linien.
Erweitere dazu die Adjektive mit der Endung **-en**.
b. Wähle drei Wörter aus, verwende das starke Wort **im** dazu und schreibe je einen Satz.

im	+	weiter, wesentlich, still, allgemein, übrig, grün, groß und ganz

im Weiteren, ______________________________

____

____

____

____

9 Ergänze die Sätze mit passenden Wortgruppen aus Aufgabe 10.

Ich gehe *im Großen und Ganzen* gern zum Training.

Sie hat ______________________ alles gesagt.

Wir betrachten ______________________ andere Arten von Niederschlägen.

Ich hoffe ______________________, dass wir Kreismeister im Fußball werden.

Ich freue mich ______________________ über meine Note.

Ich habe das Thema ______________________ verstanden.

In Mathematik bin ich ______________________ gut.

Am Wochenende zelten wir ______________________.

Merkwissen

Das musst du dir merken:
Adjektive in **Eigennamen** schreibt man groß, z. B.:
Familie Meier fährt in den **Bayerischen** Wald.

10 **a.** Markiere in den Eigennamen die großgeschriebenen Adjektive.
b. Ordne die Wortgruppen nach geografischen Eigennamen und anderen Eigennamen. Schreibe in dein Heft.

die Sächsische Schweiz, das Technische Hilfswerk,
die Gelben Seiten, der Grüne Knollenblätterpilz,
das Rote Kreuz, die Schwarze Witwe,
das Rote Meer, die Königliche Hoheit,
die Kanarischen Inseln, der Bayerische Wald,
die Tschechische Republik,
die Vereinigten Staaten von Amerika

Starthilfe

geografische Eigennamen	andere Eigennamen
die Sächsische Schweiz, …	das Technische Hilfswerk, …

Z **11** Suche die geografischen Eigennamen aus Aufgabe 10 im Atlas.
Schreibe zu jedem Eigennamen drei Nachbarn (Staaten oder Städte) auf.

Das kann ich – Großschreibung

Punkte

1 Ergänze die beiden Merksätze zu nominalisierten Verben. /9 Punkte

Aus Verben können __________ werden. Der Artikel __________ und die

Wörter __________, __________, __________ und __________ machen's!

Nominalisierte Verben haben Begleiter: __________, __________

und __________.

2 Markiere die nominalisierten Verben mit ihren Begleitern im Text. /6 Punkte

Mir fällt das Schreiben einer Klassenarbeit schwer. Beim Vorbereiten habe ich oft ein unangenehmes Gefühl in der Magengrube. Intensives Üben könnte mir vielleicht mehr Sicherheit geben, doch meistens fehlt mir die Zeit dafür. Kurzes Entspannen gelingt mir nicht und das Schlafen vor einer Arbeit wird oft unterbrochen. Nur beim Laufen kann ich richtig abschalten.

3 Entscheide die Groß- oder Kleinschreibung der Verben. /11 Punkte
Schreibe den Text richtig in dein Heft.

Das VORBEREITEN einer Klassenarbeit MACHT mir große Mühe, weil das PLANEN des Spickzettels viel Zeit ERFORDERT. Aber beim ÜBERLEGEN fällt mir meistens ein, was wichtig sein könnte. Doch wenn das lange und kleine SCHREIBEN BEENDET ist, DENKE ich manchmal darüber nach, ob ich die Zeit nicht auch zum ÜBEN hätte VERWENDEN KÖNNEN. Den Spickzettel BRAUCHE ich übrigens dann nie.

4 Ergänze die zwei Merksätze zu nominalisierten Adjektiven. /7 Punkte

Aus Adjektiven können __________ werden. Die Wörter __________,

__________, __________ und __________ machen's!

Das starke Wort __________ kann aus __________ Nomen machen.

5 Ergänze die Sätze richtig mit den Wörtern rechts. /6 Punkte

Bei dem Vortrag habe ich viel __________ erfahren. (interessant)

Auf dem Markt kann man viel __________ kaufen. (köstlich)

Für die Wanderung steckte ich mir etwas __________ ein. (süß)

Während der Klassenfahrt aßen wir viel __________. (gesund)

Wegen der Kälte wollte Jan etwas __________ essen. (warm)

Die Nachrichten meldeten nichts __________. (neu)

6 Markiere in den Eigennamen die großgeschriebenen Adjektive. /11 Punkte
In einem Eigennamen gibt es **zwei** großgeschriebene Adjektive.

der Große Wagen (ein Sternbild), die Ostfriesischen Inseln, der Thüringer Wald, der Fliegende Holländer (eine Oper), die Freie und Hansestadt Hamburg, die Holsteinische Schweiz, der Indische Ozean, die Sozialdemokratische Partei Deutschlands, das Kap der Guten Hoffnung, die Christlich-Soziale Union

Gesamtpunktzahl: /50 Punkte

Wochentage und Tageszeiten

Merkwissen

Aus **Wochentagen** und **Tageszeiten** kann man zusammengesetzte Nomen bilden, z. B.:
der Mittwoch + **der Morgen** = **der Mittwochmorgen**.

1 **a.** Lies den folgenden Text.
b. Markiere die Zusammensetzungen aus Wochentag und Tageszeit.

Das Programm der Klassenfahrt – Teil 1

Am Montagmorgen wurde die Klasse 7 b mit einem Bus in die Jugendherberge gebracht. Nachdem sich am Montagmittag alle die Zimmer ausgesucht hatten, trug Maike beim Essen das Programm vor: „Den Montagnachmittag können wir nutzen, um das Gelände der Jugendherberge zu erkunden. Am Montagabend beziehen wir die Betten, damit in der Montagnacht alle ein sauberes Bett haben. Am Dienstagmorgen gibt es die von Sahin, Tim, Fred und Kai geplante Stadtrallye. Den Dienstagnachmittag nutzen wir für einen Besuch des Freibades und am Dienstagabend besprechen wir die weitere Planung."

2 Schreibe die Zusammensetzungen mit ihren Begleitern auf.

am Montagmorgen ______________________ ______________________

______________________ ______________________

______________________ ______________________

______________________ ______________________

3 Ergänze in den Lücken Zusammensetzungen aus Wochentag und Tageszeit. Jede Tageszeit vom Rand kommt einmal vor. Die passenden Wochentage musst du selbst finden.

~~der Abend,~~
der Morgen,
die Nacht,
der Mittag,
der Vormittag,
der Nachmittag

Das Programm der Klassenfahrt – Teil 2

Am *Dienstagabend* erläutert Mesut den Plan für die nächsten Tage:

„Für den ______________________ hat Herr Hagen eine tolle Überraschung geplant. Haltet euch ab 7 Uhr bereit! Nach dem Mittagessen sind Sahin, Tim, Fred und Kai mit Küchendienst an der Reihe. Für die anderen gibt es am ______________________ Gemeinschaftsspiele.

Am Donnerstag besuchen wir das Historische Museum und den Nachmittag haben wir zur freien Verfügung. Richtig spannend wird es danach in der ______________________ bei der Nachtwanderung!

Am ______________________ müssen wir packen, weil wir am ______________________ um 12 Uhr zuhause sein wollen."

4 **a.** Schreibe die Texte aus den Aufgaben 1 und 3 in dein Heft.
b. Markiere die Zusammensetzungen aus Wochentag und Tageszeit.

Starthilfe

Das Programm der Klassenfahrt
Am Montagmorgen wurde die Klasse 7 b ...

Merkwissen

Wochentage und Tageszeiten mit einem **s** am Ende sind **Adverbien**.
Sie werden **kleingeschrieben**, z. B.:
Ich mache **abends** meistens Hausaufgaben; nur **mittwochs** gehe ich zum Sport.

5 Bilde Adverbien.

der Montag – *montags*
der Dienstag – ____________
der Mittwoch – ____________
der Donnerstag – ____________
der Freitag – ____________
der Samstag – ____________
der Sonntag – ____________

der Morgen – ____________
der Vormittag – ____________
der Mittag – ____________
der Nachmittag – ____________
der Abend – ____________
die Nacht – ____________

6 **a.** Beschreibe deinen Wochenablauf.
Verwende dabei jedes Adverb aus Aufgabe 5 mindestens einmal.
b. Markiere die Adverbien in deinem Text.

Starthilfe

Ich frühstücke morgens mit meinem Vater. Er bringt mich danach zur Schule. Wir haben montags ...

Merkwissen

Auch Zusammensetzungen aus Wochentagen und Tageszeiten mit einem **s** am Ende sind Adverbien und werden kleingeschrieben, z. B.:
Wir gehen **samstagabends** oft ins Kino.

Z **7** Schreibe Sätze mit Adverbien aus Wochentagen und Tageszeiten in dein Heft.

Das kann ich! – Wochentage und Tageszeiten

Punkte

1 Ergänze die Merksätze. ___ /4 Punkte

A Aus **Wochentagen** und ____________ kann man zusammengesetzte ____________ bilden.

B ____________ und Tageszeiten mit einem **s** am ____________ sind ____________. Sie werden **kleingeschrieben**. ___ /6 Punkte

2 Entscheide die Schreibung. Schreibe auf die Linien. ___ /10 Punkte

A Am (Samstag + Abend) ____________ sehe ich mir ein Fußballspiel an.

B Ich bin (Morgen + s) ____________ manchmal noch sehr müde.

C Frank und Lukas gehen (Mittwoch + s) ____________ zum Badminton.

D Wir probieren am (Dienstag + Nachmittag) ____________ das Spiel aus.

E Was ist schöner, als (Sonntag + Morgen + s) ____________ auszuschlafen?

Gesamtpunktzahl: ___ /20 Punkte

Getrenntschreibung

Merkwissen

Die Wortgruppe **Verb** + **Verb** wird in der Regel **getrennt** geschrieben, z. B.: Ich will endlich **schwimmen lernen**.

1 Markiere im Text alle Wortgruppen aus **Verb** + **Verb**.

Familienausflug im Herbst

„Habt ihr meinen Stein springen sehen?", fragte Tom stolz. Die Familie rastete gerade bei ihrem Sonntagsspaziergang an einem Badesee. „Ich will jetzt gleich baden gehen", sagte Toms neunjährige Schwester Anna. „Das wirst du schön bleiben lassen im Oktober!", meinte der Vater und schlug vor: „Ihr könntet euren Drachen steigen lassen. Ich habe ihn eingepackt." Anna begann sofort den Drachen auszupacken. Plötzlich schimpfte sie: „Vati muss immer etwas zuhause liegen lassen – die Anleitung fehlt." Tom wollte witzig sein und meinte: „Ist doch egal. Du müsstest sowieso erst noch lesen lernen." Sekunden später konnte man Tom schreien hören und ganz erstaunlich schnell rennen sehen, nachdem Anna ihm eine Stange des Drachens in den Allerwertesten gestoßen hatte. Anna lief ihrem Bruder hinterher und rief: „Du wirst mich jetzt richtig kennen lernen!" „Könnt ihr das bitte sein lassen?", bat die Mutter und schlug zur Versöhnung vor: „Wir könnten nachher noch unsere neuen Fahrräder spazieren fahren und irgendwo essen gehen."

2 Schreibe die markierten Verbpaare aus dem Text auf die Linien.

springen sehen, ____________________

____

____

____

3 **a.** Schreibe den Text aus Aufgabe 1 in dein Heft.
b. Markiere die Getrenntschreibung der Verbpaare.

4 Ergänze den Brief mit passenden Verbpaaren vom Rand.

~~spazieren gehen~~,
kennen lernen,
sein lassen,
essen gehen,
schneiden sehen

Hallo Lukas,

wenn mein Opa mit dem Hund spazieren geht, muss er beim Laufen aufpassen. Meine Oma sieht nicht mehr so gut und Opa macht sich jedes Mal Sorgen, wenn er sie Gemüse ____________ ________. Wenn Opa manchmal mit Oma ins Restaurant ________ ________, macht er das auch, damit sie das Kochen ________ ________. Ich erzähle dir ein wenig von meinen Großeltern, damit du sie schon etwas ________ ________, bevor wir bei ihnen im Garten zelten.

Viele Grüße

Paul

Merkwissen

Wortgruppen mit **sein** schreibt man **getrennt**, egal, welches Wort vor **sein** steht, z. B.: **da sein**, **an sein**.

5 **a.** Markiere im Text alle Verbindungen mit **sein**.
b. Schreibe alle Wortgruppen vom Rand dreimal in dein Heft.

Allein sein? Nein, dabei sein!

Nach dem Unfall dachte Burak, es würde aus sein mit den Freunden vom Bolzplatz. Dass es mit dem Fußball vorbei sein würde, hatten die Ärzte ihm nach ein paar Tagen gesagt. Er müsse zufrieden sein, wenn er einigermaßen laufen könne, war die Meinung der Ärzte. Buraks Freunde waren anderer Meinung und beschlossen, Burak müsse bald zurück sein. Sie wollten mit ihm zusammen sein, weil er ihr Freund war. Zudem machte er die besten Sprüche. Später wunderten sich die Gegner oft, wie Burak trotz seines kaputten Beins auf dem Platz so gut sein konnte. Burak gab einfach alles, weil er dabei sein konnte.

aus sein,
an sein,
gut sein,
allein sein,
vorbei sein,
da sein,
zufrieden sein,
fertig sein,
zurück sein,
zusammen sein,
dabei sein,
weg sein,
hier sein

6 **a.** Ergänze im Text Verbindungen mit **sein**. Schreibe in dein Heft.
b. Markiere die Wortgruppen mit **sein** in deinem Heft.

Ich will in der Schule ■ und danach mit der Ausbildung schnell ■. Dann können meine Eltern mit mir ■. Danach wird es zwar auch mit dem Wohnen bei den Eltern ■, aber ich will bald aus meinem Kinderzimmer ■.

Z **7** Schreibe mit jeder Wortgruppe vom Rand einen eigenen Satz in dein Heft.

Das kann ich! – Getrenntschreibung

Punkte

1 Ergänze die Merksätze. /2 Punkte

Verbindungen aus **zwei Verben** schreibt man ______________________.

Wortgruppen mit ________ schreibt man **getrennt**.

2 **a.** Markiere im Text alle Verbindungen aus zwei Verben. /5 Punkte
b. Schreibe den Text in dein Heft ab. Markiere die Verbpaare. /5 Punkte

„Ihr werdet in dem Spiel baden gehen, wenn ihr ständig stehen bleibt", kritisierte uns der Trainer. „Ihr sollt hier nicht spazieren gehen. Die Zuschauer wollen euch rennen sehen. Oder könnt ihr sie nicht schreien hören?"

3 **a.** Ergänze im Text fünf verschiedene Verbindungen mit **sein**. /5 Punkte
Tipp: Schreibe zuerst nur mit Bleistift.
b. Schreibe den Text in dein Heft ab. /5 Punkte

Sahin: „Ich kann in dreißig Minuten ________ ________ – wartest du auf mich?"

Ahmed: „Da werde ich leider schon ________ ________. Es tut mir leid."

Sahin: „Ich will aber unbedingt ________ ________."

Ahmed: „Dann musst du in zehn Minuten ____ ________."

Sahin: „Ich werde pünktlich ____ ________. Ich gehe sofort los."

Gesamtpunktzahl: /22 Punkte

Fremdwörter auf -(t)ion und -ieren

Merkwissen

Fremdwörter kann man oft an ihren **Endungen** (Suffixen) erkennen.
Die Nomen auf **-(t)ion** sind häufig mit Verben auf **-ieren** verwandt, z. B.:
die Addi**tion** / addi**eren**
Tipp: Die Nomen auf **-(t)ion** haben alle den Artikel **die**.

1 **a.** Markiere im Text die Fremdwörter auf -tion rot (Nomen).
b. Markiere im Text die Fremdwörter auf -ieren blau (Verben).

Eine tolle Klasse

„Zu dieser Leistung gratuliere ich euch!", sagte Herr Hagen, unser Deutsch- und Mathematiklehrer, als er am Ende der Stunde den Deutschtest zurückgab. Auf diese Gratulation konnte die Klasse 7 a nur mit Jubelgeschrei reagieren. Herr Hagen hatte mit so einer überschwänglichen Reaktion nicht gerechnet. Er freute sich und meinte: „Die Konjugation der Verben und die Deklination der Nomen habt ihr sehr gut verstanden. Es ist übrigens gar nicht so einfach, richtig zu konjugieren und zu deklinieren. Es hat sich bestätigt, dass ich die Aufgaben für den Test richtig selektiert habe." Für den nächsten Test hoffte die Klasse 7 a auf eine ebenfalls erfolgreiche Selektion der Aufgaben durch ihren Lehrer. Das neue Thema „Argumentation" fanden nämlich alle schwierig. Sie möchten aber argumentieren lernen, denn sie wollen Herrn Hagen davon überzeugen, eine Klassenfahrt zu organisieren. Natürlich würden sie bei der Organisation helfen. Während sie sich darüber unterhielten, wie das funktionieren könnte, klingelte es und Herr Hagen kam in seiner Funktion als Mathematiklehrer zurück.

~~beglückwünschen~~,
der Glückwunsch,
begründen (beweisen),
die Wirkung,
Nomen beugen,
die Auswahl,
klappen (gehen),
Eigenschaft,
Verben beugen,
Beweisführung (Begründung),
auswählen,
Gestaltung,
vorbereiten (gestalten),
eine Wirkung zeigen,
Beugung von Verben,
Beugung von Nomen

2 **a.** Schreibe alle Fremdwörter aus dem Text in eine Liste im Heft. Schreibe die Bedeutung dazu. Die Wörter am Rand helfen dir.
b. Schreibe den Text in dein Heft.

Starthilfe
gratulieren → beglückwünschen,
die Gratulation → ...

3 Ergänze die folgenden Sätze mit Fremdwörtern aus dem Text.
Tipp: Du musst die Fremdwörter dabei konjugieren und deklinieren.

Alle haben die Nomen richtig ______________ und die Verben richtig ______________. Dazu hat ihnen Herr Hagen ______________. Er hatte die Aufgaben auch gut ______________. Herr Hagen hat übrigens drei ______________ in der Klasse 7 a – als Klassenlehrer, Deutschlehrer und Mathematiklehrer. Ob er eine Klassenfahrt ______________, ist unklar. Noch haben die Schülerinnen und Schüler nicht überzeugend ______________.

Z **4** Was bedeuten die Verben vom Rand?
Wie heißt das verwandte Nomen auf -(t)ion?
Lege in deinem Heft eine Tabelle an und ergänze sie.
Du kannst ein Wörterbuch verwenden.

Starthilfe

Verb auf **-ieren**	Bedeutung	Nomen auf **-(t)ion**
provozieren	herausfordern	Provokation
...		

provozieren,
oxidieren,
kondensieren,
kombinieren,
kalkulieren,
stabilisieren

Bei einigen verwandten Fremdwörtern unterscheidet sich ein Konsonant.

5 **a.** Markiere den Konsonanten vor der Endung -ieren.
b. Schreibe die Nomen auf -(t)ion vom Rand zu den passenden Verben.
c. Markiere den Konsonanten, der sich unterscheidet.

agieren – die Aktion, fabrizieren – ____________,

kommunizieren – ____________,

produzieren – ____________, reduzieren – ____________

die Aktion,
die Reduktion,
die Kommunikation,
die Fabrikation,
die Produktion

Nicht zu allen Verben auf -ieren gibt es ein Nomen auf -(t)ion.
Meist gibt es aber ein anderes verwandtes Nomen.

6 Schreibe passende Verben und Nomen vom Rand zusammen auf,

strukturieren – die Struktur, ____________

____

____

~~strukturieren~~,
profitieren, notieren,
transportieren,
bilanzieren,
prozessieren,
der Profit, ~~die Struktur~~,
die Bilanz, der Prozess,
der Transport, die Notiz

Nicht alle Verben auf -ieren sind Fremdwörter.

7 **a.** Schreibe die Verben vom Rand zu den passenden Nomen.
b. Nur ein Wortpaar besteht aus Fremdwörtern. Markiere es.

der Verlust – verlieren, die Schmiere – ____________,

die Formation – ____________, die Verzierung – ____________

verlieren,
schmieren,
verzieren,
formieren

Das kann ich! – Fremdwörter

Punkte

1 Schreibe zwei häufige Endungen von Fremdwörtern auf. ________, ________ /2 Punkte

2 Ergänze passende Verben auf **-ieren**. /2 Punkte

Im Grammatiktest müsst ihr die Verben richtig ____________

und die Nomen richtig ____________.

3 Ergänze jeweils das Nomen auf **-(t)ion** oder das Verb auf **-ieren**.
Denke bei den Nomen an den Artikel. /6 Punkte

____ ____________ – informieren, die Dekoration – ____________,

____ ____________ – operieren, die Präsentation – ____________,

die Gratulation – ____________, die Produktion – ____________

4 Ergänze den Text mit Verben aus Aufgabe 3. Schreibe in dein Heft. /5 Punkte

„Zu dem Verkaufserfolg im letzten Jahr können wir uns alle ■", sagte die Chefin der Modefirma und meinte: „Wir sollten dieses Jahr mehr von diesen Hosen ■." „Auf jeden Fall sollten wir die Hosen wieder im Frühjahr auf der Modenschau ■", ergänzte die Designerin. „Um die Kunden zu überzeugen, müssen wir sie über die Produkte ■", ergänzte die Verkäuferin und meinte: „Es hilft, wenn viele Kunden ihre Schaufenster mit unseren Produkten ■."

Gesamtpunktzahl: /15 Punkte

Komma bei dass-Sätzen

Merkwissen

Nach Verben des Sagens, Denkens und Meinens folgen oft **dass**-Sätze.
Der **dass**-Satz wird durch ein Komma vom Hauptsatz abgetrennt, z. B.:
Er hofft, **dass** seine Freunde auf ihn warten.

1 **a.** Unterstreiche die **dass**-Sätze (Nebensätze).
b. Setze das fehlende Komma vor **dass**.
c. Kreise **dass** ein und kennzeichne das Komma mit einem Pfeil.

Die Redaktion wusste, dass die letzte Schülerzeitung nicht gut ankam. Sie dachten zunächst dass es an den fehlenden Fotos lag. Aber dann sahen sie ein dass der Artikel über das Schulfest misslungen war.

2 **a.** Schreibe die folgenden Satzanfänge zu Ende. Verwende **dass**-Sätze.
b. Kreise **dass** ein und markiere das Komma.

Sie freute sich, dass ____________________

Es tat ihm leid ____________________

Sie ahnten ____________________

3 **a.** Schreibe eigene **dass**-Sätze mit den Verben vom Rand in dein Heft.
b. Kreise **dass** ein und markiere das Komma.

finden, hoffen, glauben, wünschen

Wenn du wiedergeben willst, was jemand gesagt hat, kannst du dass-Sätze verwenden.

4 **a.** Markiere das Verb in dem **dass**-Satz mit Rot.
b. Markiere das Komma mit Blau und kreise **dass** ein.

Murat stellt fest: „Es ist viel zu heiß zum Lernen."
Murat stellt fest, dass es viel zu heiß zum Lernen ist.

5 **a.** Gib die folgenden Sätze mit wörtlicher Rede als **dass**-Sätze wieder.
- Markiere zuerst das Verb in der wörtlichen Rede mit Rot.
- Schreibe die Sätze als **dass**-Sätze auf die Linien.

b. Markiere das Komma mit Blau, das Verb mit Rot und kreise **dass** ein.

Vadim meint: „Wir haben zu viele verschiedene Fächer an einem Tag."
Vadim meint, dass sie zu viele verschiedene Fächer an einem Tag haben.

Ines wendet ein: „Aber alle Fächer sind wichtig."

____

Frau Özil stellt fest: „Sie denken über den Unterricht nach."

____

Clarissa denkt: „Für mich ist nur Sport interessant."

____

Der dass-Satz kann auch vor dem Hauptsatz stehen.

6 a. Unterstreiche die dass-Sätze.
b. Setze die fehlenden Kommas.
c. Kreise **dass** ein und markiere das Komma.

Maike glaubt dass sie ein ganz besonderes Schulfest organisieren können. Dass dieses Vorhaben mit viel Arbeit verbunden ist wissen alle. Aber sie finden dass Maike wirklich gute Ideen hat. Dass es am Ende wirklich ein großer Erfolg wird hoffen alle.

7 Gib die folgenden Sätze mit wörtlicher Rede als **dass**-Sätze wieder. Stelle dabei zweimal den **dass**-Satz an den Anfang. Schreibe in dein Heft.
Tipp: Du musst manchmal mehrere Wörter umstellen.

Angela: „Ich denke, wir sollten die Texte für die Schülerzeitung in einer Schreibkonferenz überarbeiten."
Serdar: „Ich finde diesen Vorschlag richtig gut."
Aisha wendet ein: „Dann haben wir aber alle noch mehr Arbeit."
Dirk sagt: „Ich glaube, es lohnt sich aber für ein befriedigendes Ergebnis."

Das kann ich! – Komma bei dass-Sätzen

Punkte

1 Ergänze die Merksätze. ___ /5 Punkte

Nach Verben des ________________, ________________ und ________________ folgen oft **dass**-Sätze.

Vor der Konjunktion __________ steht immer ein ________________.

2 Gib die folgenden Sätze mit wörtlicher Rede als **dass**-Sätze wieder. ___ /4 Punkte
- Markiere zuerst das gebeugte Verb in der wörtlichen Rede mit Rot.
- Schreibe die Sätze als **dass**-Sätze auf die Linien.

Der Kapitän befahl: „Der Matrose soll an Bord kommen."

____

Galileo Galilei bewies: „Die Erde ist rund."

____

3 a. Unterstreiche die **dass**-Sätze ___ /14 Punkte
b. Setze die fehlenden Kommas in dem Text.

Der Mannschaftsführer meint dass die Mannschaft im Mittelfeld sehr überlegen gespielt hat. Dass bei dieser Überlegenheit keine Tore gefallen sind kann er gar nicht verstehen. Der Stürmer klagt dass der Schiedsrichter keinen Elfmeter gegeben hat. Der Torwart behauptet dass die Sonne zu tief gestanden hat. Dass das Spiel mit 0:1 verloren ging war also sehr unglücklich. Der Trainer glaubt dass beim Rückspiel alle Spieler so motiviert sein werden dass die Mannschaft gewinnen wird.

4 Schreibe den Text aus Aufgabe 3 in dein Heft ab. ___ /7 Punkte

Gesamtpunktzahl: ___ /30 Punkte

Komma bei Nebensätzen

Merkwissen

Die Konjunktionen **als**, **weil**, **wenn**, **obwohl**, **dass**, **sodass**, **solange** und **nachdem** leiten Nebensätze ein, die vom Hauptsatz durch ein **Komma** getrennt werden.

Bei der Vorbereitung für ein Referat

Achtung: Fehler!

Adrian und Anna bereiten ein Referat über Menschenaffen vor. Sie wählen dieses Thema, obwohl sie wenig über Menschenaffen wissen. In der Bücherei suchen sie Sachbücher zu dem Thema sodass sie eine Auswahl an Texten haben. Nachdem sie die Bücher gesammelt haben überfliegen sie darin die Bilder und Texte. Als sie einen Bericht über die Schimpansenforscherin Jane Goodall finden freuen sie sich. Jane Goodall wurde als Forscherin berühmt weil sie das Verhalten von Schimpansen erforschte. Dabei entdeckte sie dass Schimpansen Werkzeuge benutzen. Wenn sie hungrig sind verwenden sie zum Beispiel Steine zum Aufschlagen von Nüssen. Den Text über Jane Goodall wollen die beiden unbedingt verwenden. Solange sie keine Gliederung erstellt haben können sie sich nicht für weitere Texte entscheiden. Deshalb machen Adrian und Anna jetzt erst einmal einen Plan für das Referat.

1 Der Text enthält acht Nebensätze.

a. Kreise die Konjunktionen aus dem Merkwissen ein.
b. Unterstreiche die Nebensätze.
c. Ergänze die fehlenden Kommas.
d. Schreibe die Sätze mit den Konjunktionen der Reihe nach auf die Linien. Ergänze dabei die fehlenden Kommas.

Stellung der Nebensätze

	Satz	Spitzenstellung	Endstellung
A	*Sie wählen dieses Thema, obwohl sie wenig über Menschenaffen wissen.*	☐	☒
B		☐	☐
C		☐	☐
D		☐	☐
E		☐	☐
F		☐	☐
G		☐	☐
H		☐	☐

Merkwissen

Nebensätze (NS) können **vor** (Spitzenstellung) und **nach** (Endstellung) **dem Hauptsatz (HS)** stehen.

Spitzenstellung: Weil wir Referate halten, bereiten wir uns gut vor.
NS HS

Endstellung: Wir bereiten uns gut vor, **weil** wir Referate halten.
HS NS

2 Stehen die Nebensätze unter Aufgabe 1 in Endstellung oder in Spitzenstellung?
Kreuze auf Seite 60 am Rand richtig an.

Du kannst Spitzenstellung und Endstellung von Nebensätzen tauschen.

3 **a.** Schreibe die Satzgefüge aus Aufgabe 1 neu auf die Linien unten.
Tausche dabei die Stellung des Nebensatzes.
Achtung: Satz **B** kannst du nicht umstellen, weil **sodass** in Spitzenstellung nicht verwendet wird.
b. Kreise die Konjunktionen ein.

A Obwohl sie wenig über Menschenaffen wissen, wählen sie dieses Thema.

C ______

D ______

E ______

F ______

G ______

H ______

4 Wo steht das Komma in den vier Sätzen mit dem Nebensatz in Spitzenstellung? Kreuze an.

☐ zwischen zwei Nomen ☐ vor zwei Verben ☐ zwischen zwei Verben

Z 5 **a.** Schreibe acht eigene Satzgefüge aus Haupt- und Nebensatz in dein Heft.
– Verwende für jeden Satz eine der acht Konjunktionen vom Rand.
– Wähle viermal Spitzenstellung und viermal Endstellung des Nebensatzes.
b. Kreise die Konjunktionen ein.

solange, sodass, dass, wenn, als, weil, obwohl, nachdem

Z 6 **a.** Kreise die Konjunktionen ein und unterstreiche die Nebensätze.
b. Setze die fehlenden Kommas.

Er war stolz dass er das Buch gelesen hatte obwohl es sehr dick war.

Sie erkannte ihn als er sich umdrehte weil sie sich die Narbe eingeprägt hatte.

Achtung: Fehler!

7 **a.** Kreise in den Sätzen die Konjunktionen ein.
b. Ergänze in jedem Satz das fehlende Komma.

Ich hoffe, dass uns das Referat gut gelingt.
Wir freuen uns sehr wenn uns die Lehrerin für das Referat lobt.
Frank interessieren Tiere nicht obwohl seine Eltern Tierpfleger sind.
Sie besorgen einen Beamer weil sie Bilder zeigen möchten.

Achtung: Fehler!

Merkwissen

Steht der Nebensatz (NS) **vor** (Spitzenstellung) dem Hauptsatz (HS), dann steht das Komma **zwischen zwei Verben**, z. B.:
Als sie den Bericht über Jane Goodall finden, **freuen** sie sich.
NS Verb Verb HS

8 **a.** Stelle die Satzgefüge aus Aufgabe 7 so um, dass der Nebensatz in Spitzenstellung steht.
Denke an die Kommas. Schreibe in dein Heft.
b. Markiere die beiden Verben vor und nach dem Komma.

Starthilfe

Dass uns das Referat gut gelingt, hoffe ich.
...

Zeichensetzung bei wörtlicher Rede

Merkwissen

Wörtliche Rede erkennt man an den „**Anführungszeichen**" am Anfang und am Ende.
Steht der **Begleitsatz vorn**, folgt ein **Doppelpunkt**.
Steht der **Begleitsatz hinten**, steht immer ein **Komma** davor, z. B.:
Die Lehrerin sagte: „Setzt euch bitte auf eure Plätze."
Begleitsatz wörtliche Rede

„Setzt euch bitte auf eure Plätze", sagte die Lehrerin.
wörtliche Rede Begleitsatz

1 Ergänze fehlende Anführungszeichen, Kommas und Doppelpunkte.

Das erfolgreiche Referat

Im Hauptteil des Referats berichtete Adrian: „Jane Goodall hat jahrelang mit Schimpansen gearbeitet." Sie hat dabei viele wichtige Beobachtungen gemacht ergänzte Anna und erklärte weiter Jane Goodall hat zum Beispiel beobachtet, wie Schimpansen Werkzeuge verwenden. Dieser Teil des Referats kam besonders gut an, weil die beiden Referenten viele Bilder zeigten. Nur einmal musste sich Adrian korrigieren Das ist gar nicht das Bild mit den Termiten. Dies hier ist das richtige Bild. Aber das war wirklich die einzige kleine Panne der Referenten. Das war ein sehr gutes Referat meinte Aljona. Als Begründung äußerte sie Es hat Spaß gemacht, dem Vortrag zu folgen. Ihr habt gut erklärt und zum Hauptteil passende Bilder gezeigt.

Achtung: Fehler!

2 **a.** Schreibe den Text in dein Heft.
b. Markiere die Satzzeichen der wörtlichen Rede.

Z **3** Schreibe den Text ohne wörtliche Rede in dein Heft.
- Du kannst die indirekte Rede mit dem Konjunktiv verwenden.
- Du kannst auch dass-Sätze verwenden.

der Konjunktiv in der indirekten Rede Konjunktiv
➤ S. 72–73

Komma bei dass-Sätzen
➤ S. 58–59

Das kann ich! – Zeichensetzung

Punkte

1 Ergänze die Merksätze. /7 Punkte

Die ____________ **als**, **weil**, **wenn**, **obwohl**, **dass**, **sodass**, **solange** und **nachdem** leiten ____________ ein, die vom Hauptsatz durch ein ____________ getrennt werden.

Nebensätze (**NS**) können ________ (**Spitzenstellung**) und ____________ (**Endstellung**) dem **Hauptsatz** (**HS**) stehen.

Steht der Nebensatz ________ dem Hauptsatz (Spitzenstellung), wird das Komma **zwischen zwei** ____________ gesetzt.

Achtung: Fehler!

2 **a.** Kreise die Konjunktionen in den folgenden Sätzen ein. /5 Punkte
b. Setze die fehlenden Kommas. /5 Punkte
c. Kreuze an, welche der Nebensätze in Spitzenstellung stehen. /2 Punkte

A Anna und Adrian bekamen viel Lob nachdem sie das Referat gehalten hatten. ☐
B Die Lehrerin bescheinigte den beiden dass ihr Referat gut gegliedert war. ☐
C Weil sie Bilder eingesetzt hatten blieben die Mitschüler aufmerksam. ☐
D Wenn sie das nächste Referat vorbereiten wollen sie auch Folien verwenden. ☐
E Adrian und Anna strengen sich an solange sie sich verbessern können. ☐

3 **a.** Schreibe die Satzgefüge aus Aufgabe 2 neu auf die Linien unten. Tausche dabei die Stellung der Nebensätze. /10 Punkte
b. Kreise die Konjunktionen ein. /5 Punkte

A ____

____

B ____

____

C ____

____

D ____

____

E ____

____

4 Ergänze die fehlenden Satzzeichen der wörtlichen Rede: Anführungszeichen, Kommas und Doppelpunkte. /11 Punkte

In der Pause fragte Adrian Anna Wollen wir das nächste Referat auch zusammen halten? Sehr gerne antwortete sie darauf und ergänzte Es hat viel Spaß gemacht, mit dir zu arbeiten. Mit dir auch gab Adrian zurück.

Achtung: Fehler!

Gesamtpunktzahl: /45 Punkte

Wortarten: Wiederholung

An dem folgenden Text zu der Erzählung „Der Boxer“ kannst du einige Wortarten üben, die du bereits kennst.

Gleich würde Alfredo Schulze wieder in seinen alten Boxklub gehen und die Jungs trainieren. Er hatte gerade Mittag gegessen und saß noch mit einem heißen Kaffee am Tisch. Er dachte an den hartnäckigen Jungen Harry, der seit Monaten in den Boxklub zum täglichen Training kam. Im Sommer hatte Alfredo jene boxverrückten Jungs auf dem Nordmarkplatz mit ihrem improvisierten Boxring entdeckt. Der beste Boxer wurde Sharkie genannt. Harry war eindeutig der schlechteste Boxer der Gruppe gewesen. „Viel zu steif!“, hatte Alfredo immer gedacht: „Das wird nichts.“ Jetzt war sich Alfredo gar nicht mehr sicher, ob dieser Sharkie noch eine Chance gegen Harry hätte. Mit seiner schnellen Geraden war Harry inzwischen ein unangenehmer Gegner. Und Harry hatte jetzt eine solide Beinarbeit, obwohl er trotzdem steif wirkte. Das Erstaunliche an Harry war, wie viele harte Schläge er einstecken konnte, ohne aufzugeben. Alfredo Schulze nahm ein altes Foto von der Kommode. Fast zwanzig Jahre war es her, dass er selbst seinen ersten großen Kampf gewonnen hatte. „Das schafft Harry eines Tages auch“, dachte Alfredo plötzlich und erschrak beinah angesichts dieses überraschenden Gedankens.

1 **a.** Markiere im Text sechs Personalpronomen blau.
b. Markiere im Text vier Possessivpronomen gelb.

Personalpronomen und Possessivpronomen

2 **a.** Markiere im Text alle Nomen und Nominalisierungen grün. Markiere dabei aber keine Namen.
b. Ordne alle markierten Nomen nach Singular und Plural. Schreibe sie mit Artikel in dein Heft.

Nomen

3 Ergänze passende Adjektive aus dem Text zu den Nomen.
Achtung: Du musst die Endungen der Adjektive anpassen.

Adjektive

der *hartnäckige* Junge – ein ____________ Gegner –

die ____________ Gerade – die ____________ Schläge –

ein ____________ Kaffee – eine ____________ Beinarbeit –

der ____________ Kampf – der ____________ Gedanke –

ein ____________ Foto

4 **a.** Steigere die Adjektive in den Wortgruppen aus Aufgabe 3. Schreibe den Komparativ und den Superlativ in dein Heft.
Tipp: Beim Superlativ musst du den bestimmten Artikel verwenden.
b. Finde im Text zwei Superlative. Unterstreiche sie.

5 **a.** Markiere im Text alle Verbformen rot.
Tipp: Einige Verbformen bestehen aus zwei Teilen.
b. Schreibe zu jedem Verb aus dem Text den Infinitiv einmal auf.
Tipp: Du musst insgesamt 19 verschiedene Infinitive aufschreiben.

Verben

mehr zu Verben
➤ S. 68–75

werden, ____

____

____

Wortart: Pronomen

Merkwissen

Mit den **Relativpronomen der/die/das, welcher/welche/welches** kann man **Nebensätze** einleiten. Das Relativpronomen **bezieht sich auf ein Nomen** oder **Pronomen** zurück und steht nach einem **Komma**, z. B.:
Ich lese **das Buch**, **das** du mir geschenkt hast.

Relativpronomen können in den **vier Fällen** stehen.

Nominativ	der	die	das
Genitiv	dessen	deren	dessen
Dativ	dem	der	dem
Akkusativ	den	die	das

1 a. Lies das Merkwissen.
b. Markiere in den vollständigen Sätzen unten das Relativpronomen.
c. Auf welches Nomen oder Pronomen bezieht sich das Relativpronomen? Zeichne einen Pfeil.
d. Ergänze auf den Linien Nebensätze mit Relativpronomen. Setze das Komma. Setze das Relativpronomen in den richtigen Fall.

Ein Nachbar, der zufällig vorbeikam, sah ihn.

Eine Nachbarin, die zufällig ______

Ich habe eine Freundin, deren Eltern Sportler sind.

Ich habe einen Freund ______

Er hatte einen Freund, dem er vertrauen konnte.

Sie hatte eine Freundin ______

Du kennst das Lied, das ich immer höre.

Du kennst den Song, ______

2 Schreibe vier eigene Sätze mit Relativpronomen in dein Heft.

Merkwissen

Mit den **Demonstrativpronomen dieser/diese/dieses, jener/jene/jenes** kann man auf etwas zeigen oder hinweisen, z. B.: Sie mochte **dieses** Lied, weil es sie an **jenen** guten Tag erinnerte.

Dieses oder jenes gefällt mir nicht in meinem Zimmer. Ich könnte vielleicht ein Poster an diese Wand hängen – oder doch lieber an jene Wand? Soll ich diesen Rapper auswählen oder besser jenen Spieler, der das letzte Tor im Pokal geschossen hat? Diese Entscheidungen fallen mir wirklich schwer.

3 a. Markiere alle Demonstrativpronomen im Text oben.
b. Ergänze fehlende Demonstrativpronomen in den folgenden Sätzen.

Sie sang ihren Hit. Mit ______ Lied hatte sie ______ Wettbewerb gewonnen, dessen Finale in ganz Europa ausgestrahlt wurde.
______ Tag heute vergesse ich genauso wenig wie ______ Tag, als mein Fahrrad geklaut wurde – ______ Fahrrad, das ich erst kurz zuvor zum Geburtstag bekommen hatte.

Z **4** Unterstreiche die Relativpronomen in den Sätzen zu Aufgabe 3.

Wortart: Adverb

Merkwissen

Adverbien (Umstandswörter) machen genaue Angaben zu einem Geschehen.
Adverbien des Ortes drücken aus, wo etwas geschieht, z. B. **draußen**.
Adverbien der Zeit drücken aus, wann etwas geschieht, z. B. **immer**.
Adverbien der Art und Weise drücken aus, wie etwas geschieht, z. B. **gern**.
Adverbien des Grundes drücken aus, warum etwas geschieht, z. B. **deshalb**.
Z. B.: Tim mag frische Luft. Er spielt **deshalb immer gern draußen**.

Das Wunder in der zweiten Halbzeit

Es stand schlecht zu Beginn der zweiten Halbzeit, denn sie lagen mit 0:3 **hinten**. **Trotzdem** scheute das Team keine Mühe, um **irgendwie vielleicht dennoch** zu gewinnen. **Blindlings** streckte der Stürmer seinen Fuß **noch** in die etwas missglückte Flanke und erwischte den Ball mit der Fußspitze. Der Ball prallte vom Torwart gefaustet **links** zur Seite ab, wo sich ein Mitspieler **kopfüber** auf den Ball stürzte und ihn so über die Linie drückte. **Endlich** gab es einen Grund zum Jubeln. **Danach** lief das Team **plötzlich** zu Höchstform auf und nur wenige Minuten später erfolgte **bereits** der Anschlusstreffer und es stand **nun immerhin** 2:3. Alles, was **sonst** nur **selten** klappte, funktionierte **jetzt** und es gab **haufenweise** Chancen. Die Bälle flogen **hin** und **her** und **überall** stand ein Mitspieler bereit, um den nächsten Pass zu spielen.

Eigentlich war kurz vor Schluss nur noch ein Unentschieden möglich, doch als plötzlich der Ausgleich fiel, dachten ______________ alle an ein Wunder. Kurz ______________ eroberte der Stürmer den Ball und passte ______________ weit nach ______________, wo sein Mitspieler zum Spurt angesetzt hatte. Dieser lief mit dem Ball von ______________ auf den Strafraum zu und lupfte den Ball über die verdutzten Verteidiger, schlug einen Haken ______________ an ihnen vorbei und lupfte die Kugel ______________ über den Torwart ins Tor. ______________ gewannen sie das Spiel. Es war ______________ zu glauben.

1 **a.** Ordne die blauen Adverbien aus dem ersten Absatz des Textes in eine Tabelle im Heft.
Tipp: Du kannst in den Kästen unten nachschauen.
b. Ergänze im zweiten Absatz passende Adverbien. Verwende dabei alle roten Adverbien aus den Kästen.

Starthilfe

Adverbien			
... der Zeit	... des Ortes	... des Grundes	... der Art und Weise
	hinten, ...	trotzdem ...	irgendwie, ...

Adverbien der Zeit
vorher, später, heute, selten, übermorgen, zuletzt, endlich, früher, oft, niemals, schon, noch, bald, nun, selten, schließlich, inzwischen, jetzt, manchmal, gelegentlich, mehrmals, danach, plötzlich, sofort

Adverbien des Ortes
hier, da, vorne, hinten, überall, draußen, rechts, links, dort, umher, her, hin, vorwärts, dorthin, herunter, herab, daneben, drüben, darunter, oben, darin

Adverbien der Art und Weise
genauso, irgendwie, anders, kopfüber, so, insgeheim, sehr, kaum, haufenweise, sonst, möglicherweise, vielleicht, umsonst, gern(e), leider, doch, jedoch, nur

Adverbien des Grundes
nämlich, deshalb, darum, deswegen, dann, dazu, dennoch, trotzdem, folglich, also, demzufolge, jedoch, dagegen, insofern

Z **2** Schreibe eigene Sätze mit Adverbien aus den Kästen in dein Heft.

Das kann ich – Adjektive, Pronomen, Adverbien

1 a. Markiere in dem Text die Personalpronomen blau. /2 Punkte
b. Markiere in dem Text die Possessivpronomen gelb. /2 Punkte

Der Auftritt auf dem Schulfest

Die Tanz-AG der Klassen 7 a und 7 b hatte sich für die neue Show lange vorbereitet. Alle trugen die schönen Kostüme, die sie mithilfe der netten Eltern selbst geschneidert hatten. Auf der dunklen Bühne nahm jeder leise seinen Platz ein, der mit leuchtendem Klebeband auf dem Boden markiert war. Bevor sich der Vorhang öffnete, gingen auch im Zuschauerraum die Lichter aus. Der Start lag in den Händen der Technik-Gruppe, die ihn punktgenau setzen sollte. Während der Vorhang leise aufging, nickten sich die „Techniker“ mit konzentrierten Gesichtern zu und legten ihre Finger auf die richtigen Knöpfe. Die Tänzerinnen und Tänzer warteten angespannt in der Dunkelheit. Grelles Scheinwerferlicht, das von dröhnenden Bässen begleitet wurde, zuckte plötzlich über die Bühne. Mit einem kurzen Schrei sprangen alle gleichzeitig in die Luft, die wie durch einen Blitz zerrissen wurde. Der Tanz begann. Schon nach der ersten Nummer spendete das Publikum tosenden Applaus, der gar nicht mehr enden wollte. Die Show war der bisher größte Erfolg der Tanz-AG.

2 a. Ergänze die Adjektive aus dem Text zu den Nomen. /5 Punkte
b. Welches Adjektiv ist ein Superlativ? Unterstreiche es. /1 Punkt

die __________ Show, die __________ Bühne, der __________ Schrei,

das __________ Klebeband, der __________ Erfolg

3 Steigere die Adjektive in den Wortgruppen aus Aufgabe 2. Schreibe den Komparativ und den Superlativ in dein Heft. /9 Punkte

4 a. Markiere im Text alle Formen der folgenden Verben rot. /8 Punkte
b. Wie oft kommen Formen dieser Verben im Text vor?
Trage hinter jedem Infinitiv die richtige Zahl ein.

haben ☐ , sein ☐ , werden ☐ , sollen ☐ , wollen ☐

5 a. Markiere im Text die Relativpronomen grün. /6 Punkte
b. Auf welches Nomen vor dem Komma beziehen sich die Pronomen? /6 Punkte
Schreibe die Nomen auf die Linien dahinter.

__________, die __________, der

__________, die __________, das

__________, die __________, der

6 Ordne die Adverbien vom Rand in die folgende Tabelle. /16 Punkte

vorher, vorne, dort, halbwegs, später, dienstags, insgeheim, kopfüber, darum, deswegen, trotzdem, hier, heute, überall, dennoch, irgendwie

Adverbien			
der Zeit	des Ortes	des Grundes	der Art und Weise

Gesamtpunktzahl: /55 Punkte

Wortart: Verb

Wiederholung: Zeitformen der Verben

Die Entstehung der Steinkohle

Vor 360 bis 250 Millionen Jahren gab es noch keine Blütenpflanzen, keine Vögel und natürlich auch keine Menschen. Aber es wuchsen bereits riesige Urwälder, die unsere moderne technische Entwicklung ermöglicht haben. Denn die Urwälder wurden im Laufe der Zeit zu Gestein – zu Steinkohle. Viele damalige Bäume, wie zum Beispiel der Schuppenbaum, hatten zwar eine sehr dicke Rinde, aber nur einen dünnen hölzernen Kern. So knickten sie leicht um und starben ab. So entstanden gewaltige Moore, die langsam absanken und von Sand- und Tonschichten überlagert wurden. Luftabschluss und der Druck der darüber lastenden Gesteinsmassen bewirkten, dass das Holz vertorfte. Das heißt, dass der in den Pflanzen enthaltene Sauerstoff verbraucht ist und sich dadurch der Kohlenstoffanteil vergrößert hat. Aus dem Torf ist im Lauf von Jahrmillionen Braunkohle und daraus wiederum bei erhöhtem Druck und erhöhter Temperatur Steinkohle entstanden.
Steinkohle hat einen höheren Brennwert als Braunkohle, sie gilt daher als wertvoller. Heute findet man Steinkohle zum Beispiel in dem sogenannten Nordwesteuropäischen Kohlegürtel, der sich von England über Nordfrankreich und Belgien bis in das Ruhrgebiet erstreckt. Ob die Menschheit noch lange Steinkohle abbauen wird, ist wegen der hohen Förderkosten fraglich.
Die größten Vorräte an Steinkohle lagern in den USA, in China und Indien. Wichtige Abbaugebiete in Europa liegen in Russland, Polen und in der Ukraine.

1 **a.** Markiere alle Verben im Text.
b. Ordne die Verben aus dem Text nach Zeiten in die Tabelle unten ein.
Tipp: Eine Präteritumform im Text ist mit **wurden** gebildet.
c. Ergänze zu allen Verben aus dem Text die Infinitive in der Tabelle.
Einige Infinitive findest du am Rand.

Verben im Präsens (8)	Verben im Perfekt (5)	
heißt,	ermöglicht	haben
Verben im Präteritum (10)		
gab,		
	Verben im Futur (1)	

Infinitive: heißen, geben, ermöglichen,

Infinitive:
werden, absterben, sich erstrecken, gelten, umknicken, sein, absinken

Das Perfekt

Merkwissen

Wenn man etwas **mündlich** erzählt, was schon vergangen ist, verwendet man meist das **Perfekt**.
Viele Verben bilden das Perfekt mit **haben**, z. B.: Er **hat** gesprochen.
Einige Verben bilden das Perfekt mit **sein**. Es sind vor allem Verben der Bewegung, z. B.: Sie **ist** gegangen.

Kevins Eltern sind zur Fußballweltmeisterschaft nach Südafrika geflogen.

1 **a.** Lies den folgenden Text.
b. Zwei Sätze stehen nicht im Perfekt. Unterstreiche sie.
c. Markiere die Perfektformen mit Rot, die mit **haben** gebildet werden.
d. Markiere die Perfektformen mit Blau, die mit **sein** gebildet werden.

Kevin erzählt seinem Freund Valon am Telefon: „Meine Eltern haben in einem Preisausschreiben den ersten Preis gewonnen: Flug, Hotel und Eintrittskarten für einige Spiele der Fußballweltmeisterschaft! Sie sind vor 10 Tagen nach Südafrika geflogen. Dort sind sie zu einigen Spielen der deutschen Mannschaft gegangen. Einmal haben sie sogar den Nationalspieler Özil getroffen, der hat gegen Australien ein tolles Spiel gemacht. Er hat meinen Eltern ein Autogramm gegeben. Mein Vater ist vor Freude in die Luft gesprungen. Ich habe mich natürlich auch sehr darüber gefreut. Gestern sind meine Eltern zurückgekommen, zwei Tage vor dem Endspiel. Das werden wir natürlich gemeinsam am Bildschirm verfolgen."

2 Ergänze die Perfektformen der Verben in Klammern.
Denke an die dazugehörenden Formen von **haben** und **sein**.

Neulich __hat__ Deutschland gegen Argentinien __gespielt__ **(spielen)**.

Viele Fans __________ nach Südafrika ____________________ **(fliegen)**.

Sie __________ ein tolles Spiel ________________ **(sehen)**. Nach dem Spiel __________ der Trainer ein Interview ____________________ **(geben)**.

Er _______ vor die Presseleute _________________ **(treten)** und _______ seine Mannschaft ________________ **(loben)**. Am Ende des Fußballturniers _________ alle Nationalmannschaften wieder ______________ **(abreisen)**.

3 **a.** Bilde eigene Sätze im Perfekt mit den Verben vom Rand.
Schreibe in dein Heft.
b. Markiere alle Perfektformen in deinen Sätzen mit Blau.
c. Welche Gemeinsamkeit haben die Perfektformen der Verben vom Rand?
Woran liegt das? Schreibe einen Satz in dein Heft.
Tipp: Lies dazu noch einmal das Merkwissen oben.

gehen, reisen, laufen, springen

Z **4** Schreibe zu den folgenden Infinitiven die Perfektformen in dein Heft.

Infinitive: werfen, schwimmen, sitzen, riechen, steigen, gehen, nehmen, können, sehen, schreiben, denken, müssen, dürfen, fahren, rennen, lesen

Das Präteritum

Merkwissen

Wenn man **schriftlich** über etwas berichtet, was schon vergangen ist, verwendet man das **Präteritum**, z. B.:
Sie **fuhren** nach Hause.

Für die Schülerzeitung schreibt Kevin einen Artikel über das Spiel Deutschland – England bei der Fußballweltmeisterschaft 2010.

1 Markiere im Text alle Verbformen im Präteritum.

Spielbericht WM 2010 Achtelfinale: Deutschland – England

In der ersten Halbzeit gab es die erste gute Möglichkeit für Deutschland bereits nach vier Minuten. Özil scheiterte am englischen Torwart James. Aber nach 20 Minuten ging das Team von Trainer Löw mit 1:0 in Führung. Klose erzielte den Treffer nach einem langen Abstoß von Torwart Neuer. Nach 32 Minuten schoss Podolski nach Vorlage von Thomas Müller aus relativ spitzem Winkel das umjubelte 2:0. Die englische Antwort ließ nicht lange auf sich warten. Bereits fünf Minuten später köpfte Upson den Anschlusstreffer zum 2:1. Dann geschah etwas, was dieses Spiel unvergesslich machte. Lampard schoss von der Strafraumgrenze, der Ball sprang von der Latte nach unten deutlich hinter die Torlinie und dann zurück ins Feld – doch der Schiedsrichter gab den Treffer fälschlicherweise nicht. England wurde nun immer stärker und drängte auf den Ausgleich, aber es blieb am Ende der ersten Halbzeit beim 2:1 für Deutschland.

2 **a.** Ergänze passende Präteritumformen der Verben vom Rand.
Tipp: Verwende die trennbaren Verben, wenn der Satz zwei Lücken hat.
b. Markiere die drei Verben, bei welchen sich der Wortstamm ändert.

~~spielen~~, zurückprallen, kommen, aufgeben, fallen, erhöhen, tauschen, reichen

Nach der Pause _spielte_ die deutsche Elf bald wieder so gut wie am Anfang. Allerdings ________ zuerst England nach 52 Minuten zu einer weiteren Chance. Der Ball ________________ aber von der Latte ________________ ins Spielfeld. In der 67. Minute ______________________ dann die Vorentscheidung für die deutsche Mannschaft durch ein Tor von Müller. Drei Minuten später ______________________ der gleiche Spieler zum 4:1. Jetzt ___________ die englische Mannschaft ________. Nach dem Schlusspfiff ________________ sich die Spieler fair die Hände und ______________________ ihre Trikots – trotz des nicht anerkannten Tores!

3 **a.** Schreibe zu diesen Verben Präteritum- und Perfektformen in dein Heft.
b. Markiere in den Verben den Vokal, der sich ändert.

Starthilfe
annehmen: ich nahm an, ich habe angenommen, ...

Starke Verben: annehmen, aufgeben, können, müssen, dürfen, rennen, schwimmen, lesen, steigen, riechen, kommen, fallen, ansehen, vorgehen, abfahren, anschreiben, nachdenken

Z **4** Schreibe einen eigenen Bericht über eine Sportveranstaltung in dein Heft. Verwende das Präteritum.

Das Plusquamperfekt

Merkwissen

Das **Plusquamperfekt** verwendet man, wenn man ausdrücken will, dass etwas **vor einem zurückliegenden Ereignis geschah**, z. B.:
Als sie uns einluden, **hatten** wir den Film schon **gesehen**.
Als wir ankamen, **waren** sie schon nach Hause **gegangen**.

Erinnerungen an ein Erlebnis auf der Klassenfahrt

Neulich trafen sich Melanie und Kevin in der Eisdiele. Sie schauten zusammen Fotos von der Klassenfahrt auf Amrum an. Sie erinnerten sich daran, wie sie sich angefreundet hatten. Die Fahrt hatte beiden viel Spaß gemacht. Besonders lustig war der Abend gewesen, an dem die Jungs als Gespenster verkleidet ins Mädchenzimmer gekommen waren.

War das eine Enttäuschung gewesen, als sie nur leere Betten vorgefunden ______! Sie ______ schon ______, ______ dann aber ______, weil Kevin ein Geräusch ______ ______. Er ______ sofort mit der Taschenlampe unter ein Bett ______. Und siehe da: Alle Mädchen ______ sich im Zimmer ______! Melanie ______ sich mit Laken ______ und ______ plötzlich aus dem Dunkeln ______. Kevin ______ sich echt ______!

~~vorfinden~~, verkleiden, hören, erschrecken, kehrtmachen (kehrtgemacht), verstecken, leuchten

~~sein~~, erscheinen, bleiben

1 **a.** Markiere im ersten Teil des Textes die Plusquamperfektformen.
b. Ergänze im zweiten Teil passende Verben im Plusquamperfekt.

2 **a.** An welchen zwei Orten spielt die Geschichte? Markiere sie im Text.
b. Welche Zeitform wird jeweils zur Beschreibung des Geschehens verwendet? Schreibe die Orte zu der passenden Zeitform auf die Linien.
c. Welche Ereignisse sind länger her? Kreuze an.

Präteritum: ______ Plusquamperfekt: ______

☐ Diese Ereignisse sind länger her. ☐ Diese Ereignisse sind länger her.

3 Markiere das Plusquamperfekt.

Eine Klassenfahrt kann auch ganz schön anstrengend sein! Als der Bus losfahren sollte, waren drei Schüler noch nicht angekommen, weil sie verschlafen hatten. Dadurch dauerte die Fahrt länger, als viele erwartet hatten. Nachdem die Klasse endlich die Jugendherberge erreicht hatte, waren viele Schüler sehr müde. Und bevor die Lehrerin abends mit allen zum Strand gehen konnte, waren fünf von ihnen schon eingeschlafen!

Z **4** Was erzählen die Schüler am nächsten Morgen vom abendlichen Strandspaziergang? Schreibe den Text von Aufgabe 3 weiter, verwende das Plusquamperfekt.

______

______

______

______

Der Konjunktiv in der indirekten Rede

Den Konjunktiv verwendest du z. B. in Inhaltsangaben und Berichten, wenn du wörtliche Rede indirekt wiedergeben willst.

Merkwissen

Wenn du **wiedergeben** möchtest, was jemand gesagt hat, verwendest du häufig die **indirekte Rede** mit dem **Konjunktiv**.

Wörtliche Rede: Der Trainer sagte: „Der Stürmer **hat** kein Foul begangen. Die Rote Karte **ist** unberechtigt gewesen."
Indirekte Rede: Der Trainer sagte, der Stürmer **habe** kein Foul begangen. Die Rote Karte **sei** unberechtigt gewesen.

Viele Konjunktive haben in der dritten Person Singular die **Endung -e**:
Er sagt: „Ich soll es tun und ich kann das auch, aber ich will nicht."
Er sagte, er soll**e** es tun und er könn**e** es auch, aber er woll**e** nicht.

Toms und Leilas Schule soll umgebaut werden. Nach einem Interview mit der Direktorin schreiben sie einen Artikel für die Schülerzeitung.

Unsere Schule wird umgebaut

Wir fragten Frau Zubrowski, ob sie uns mehr zum Umbau der Schule sagen könne. Die Direktorin antwortete, es solle möglichst bald eine Erweiterung geben. Die Erweiterung dürfe aber nicht sehr viel kosten. Daher könne sie vielleicht vorerst nicht gebaut werden. Sie wolle aber weiterhin nach einem Sponsor für den Umbau der Sporthalle suchen. Anders sei es mit der Einrichtung der Küchenräume. Da man für die Küchengeräte einen Sponsor habe, müsse dieser Teil der Arbeiten unbedingt bis Weihnachten fertig werden.

1 **a.** Markiere im Text alle Verbformen im Konjunktiv.
b. Was wurde im Interview wörtlich gesagt?
Schreibe das Interview in wörtlicher Rede in dein Heft.
c. Markiere im Heft die Verbformen, die nun nicht mehr im Konjunktiv stehen.

Starthilfe

Tom: „Frau Zubrowski, können Sie uns mehr zum Umbau der Schule sagen?"
...

2 Schreibe drei eigene Sätze in indirekter Rede in dein Heft.
Verwende dazu die folgenden Satzanfänge und die Konjunktive vom Rand.

Sie sagt immer ... Er meinte dazu ... Sie fragte sich, ob ...

er/sie/es mache,
er/sie/es habe,
er/sie/es sei

Einen Teil des Interviews musst du noch in die indirekte Rede setzen.

Tom: „Können Sie schon sagen, wann die Klassenräume umgestaltet werden?"
Frau Zubrowski: „Ein genaues Datum gibt es noch nicht. Die Arbeitsgruppe hat aber bereits einen Sponsor für die Wandfarbe gefunden. Jetzt sucht sie weitere Sponsoren. Ich bin optimistisch. Die Arbeitsgruppe findet sicher noch Sponsoren. Jede Klasse kann einen Vorschlag zur farblichen Gestaltung ihres Klassenraums vorlegen. Schwarze Flächen darf der Vorschlag allerdings nicht vorsehen. Ein helles, freundliches Raumklima muss gewahrt bleiben. Ansonsten will ich gerne alle kreativen Vorschläge berücksichtigen."

3 **a.** Welche Verbformen müssen in der indirekten Rede im Konjunktiv stehen?
Markiere in jedem Satz diese Verbform.
b. Schreibe das Interview in indirekter Rede in dein Heft.
c. Markiere die Verbformen im Konjunktiv in deinen Sätzen.

Z Weiterführendes: Seltene Konjunktivformen ersetzen

Manche Formen des Konjunktivs werden sehr selten verwendet.

4 **a.** Markiere im Text drei Konjunktive in der zweiten Person Plural (ihr).
b. Markiere im Text zwei Konjunktive in der zweiten Person Singular (du).

Er sagte laut: „Ihr behauptet, ihr habet das Recht, euch so zu benehmen. Immer wieder höre ich von euch, ihr wollet euch nicht nach Regeln richten, die ihr nicht verstehen könnet." Wir hielten dagegen: „Du glaubst wohl, du könnest dir alles leisten. Vielleicht denkst du auch, du machest alles richtig."

5 **a.** Ergänze in den Tabellen die fehlenden Konjunktivformen.
b. Markiere im Konjunktiv die Endungen, die anders sind als im Präsens. Markiere auch geänderte Vokale im Verbstamm.

können	Konjunktiv	machen	Konjunktiv
ich kann	ich könne	ich mache	ich mache
du kannst	du könnest	du machst	
er, sie, es kann	er könne	er, sie, es macht	
ihr könnt	ihr könnet	ihr macht	
wir können	wir können	wir machen	wir machen
sie können	sie können	sie machen	sie machen

Wenn sich die Verbform des Konjunktivs nicht von der Präsensform unterscheidet, kannst du die Form „würde + Infinitiv" verwenden.

6 **a.** Welche Konjunktive in der Tabelle unterscheiden sich nicht vom Präsens? Unterstreiche diese Formen in der Tabelle oben.
b. Ergänze in den folgenden Sätzen die passenden Formen von **würde**.

Sie behaupteten, wir würden nicht schwimmen können.

Wir entgegneten, wir ______ jeden Sommer im Urlaub schwimmen,

weil wir immer am Meer Ferien machen ______.

ich würde,
du würdest,
er, sie, es würde,
wir würden,
ihr würdet,
sie würden

7 Ergänze die Lücken. Schreibe in dein Heft.
Ergänze die passenden Konjunktive oder die Form **würde** + **Infinitiv**.

Unsere Mathelehrerin beschwerte sich gestern: „Ihr behauptet, ihr [redacted] nicht klug genug für diese Aufgaben." Sie meint aber, wir [redacted] nur faul. Tom sagte, er [redacted] besser in Mathe als du, Frank. Du [redacted] dafür in Englisch besser und ich [redacted] besser in Sport. Nur Elena und Faruk [redacted] in Sport noch besser. Er meint, du [redacted] ein besseres Gedächtnis für Vokabeln und er [redacted] zum Glück den besseren Taschenrechner.
Heute beschwerte sich die Mathelehrerin schon wieder: „Ihr behauptet, ihr [redacted] für den Test gut gelernt, aber ich kann euch ganz bestimmt sagen, dass ihr euch irrt." Ich hatte schon zu Tom gesagt, ich [redacted] ein ungutes Gefühl [redacted]. Vor dem Test hatte Tom noch gemeint, wir [redacted] zu viel [redacted].

sei (2x), seiest, seien (2x), seiet, habest, habe (2x), habet, würde ... haben
würden ... üben

Z **8** Schreibe den Text aus Aufgabe 7 in wörtlicher Rede und ohne Konjunktive in dein Heft. Du darfst den Text dabei an zwei Stellen stark verändern.
Tipp: Vorhandene wörtliche Rede musst du auf mehrere Sprecher aufteilen.

Das Passiv

Merkwissen

Das **Passiv** beschreibt, wenn etwas mit einer Person oder einem Gegenstand getan wird. Die Tätigkeit ist wichtig, nicht wer sie ausführt, z. B.: Die Materialien **werden zusammengetragen**.

In Rezepten findest du oft Verben im Passiv.

Popcorn – wie im Kino

Zutaten: 2 Esslöffel Pflanzenöl, 70 g Popcornmais, etwas Zucker oder Salz

Zuerst wird das Öl in einem hohen Topf erhitzt. Dann wird der Popcornmais hinzugegeben und der Topf wird rasch mit einem Deckel abgedeckt. Jetzt pufft der Mais hörbar zu Popcorn. Danach wird der Topf langsam von der Herdplatte gezogen. Der Topf wird hin und her geschüttelt, damit auch die letzten Maiskörner aufplatzen. Der Deckel wird auf dem Topf gelassen, bis man nichts mehr hört. Zum Schluss wird das Popcorn mit Zucker oder Salz bestreut.

1 **a.** Markiere in der Anleitung die Verbformen im Passiv.
b. Schreibe die Verbformen im Passiv auf die Linien.

wird erhitzt, ______________________

____

____

____

2 Trage passende Verbformen im Passiv ein.
Verwende die Verben vom Rand.

Das Popcorn *wird* in eine Schüssel *gefüllt*.

Auf den Tisch ________ eine Decke ________.

Die Schüssel ________ auf den Tisch ________.

Neben die Schüssel ________ Servietten ________.

Popcorn ________ gerne mit den Fingern ________.

~~füllen,~~
stellen,
auflegen,
essen,
legen

Du verbesserst eine Anleitung mithilfe des Passivs.

Popcorn mit Honig

Zutaten: 2 Esslöffel Honig, 10 Esslöffel Zucker, Popcorn

Ich gebe Honig und Zucker in einen hohen Topf. Dann erwärme ich die Mischung auf mittlerer Hitze, bis die Masse flüssig und schaumig ist. Anschließend nehme ich den Topf vom Herd und rühre das Popcorn unter den Karamell. Zum Schluss gebe ich das Honig-Popcorn in eine Schüssel und serviere es.

Starthilfe

Honig und Zucker werden in einen hohen Topf gegeben.
...

Z **3** **a.** Markiere alle gebeugten Verben in der Anleitung.
b. Forme die Sätze in Passivsätze um. Schreibe in dein Heft.
Tipp: Lasse beim Umformen ins Passiv zuerst die Personalpronomen weg.
c. Markiere die Verbformen im Passiv in deinem Heft.

Das kann ich! – Verben

Punkte

Wieder ein Müller

Mit Thomas Müller gab es bei der Fußballweltmeisterschaft 2010 in Südafrika zum dritten Mal in der Geschichte einen deutschen Torschützenkönig.
Vor dem Turnier kannten viele Trainer der anderen Nationalmannschaften diesen Thomas Müller überhaupt nicht.
Es hat schon einmal einen deutschen Torschützen namens Müller gegeben. Aber dieser Gerd Müller war bereits 1967 und 1969 Torschützenkönig der Bundesliga gewesen, bevor er sich 1970 auch bei der Weltmeisterschaft in Mexiko mit 10 Treffern die Torjägerkrone holte. Wegen seiner vielen Tore wurde Gerd Müller auch „Der Bomber der Nation" genannt. Den Spitznamen „Kleines dickes Müller" mochte er vermutlich weniger.
Der große und schlaksige Thomas Müller wurde erst 1989 geboren. Mit einem Alter von 20 Jahren hat er nach der ersten Weltmeisterschaft seine Karriere als Profifußballer eigentlich noch vor sich. Vielleicht wird er noch viele Tore für die Nationalmannschaft schießen. Aber das weiß kurz nach der Weltmeisterschaft 2010 niemand mit Sicherheit. Manch einer behauptet trotzdem schon heute, dieser neue Müller sei ein so großes Talent, er werde bestimmt ein herausragender Fußballer und habe noch viele Erfolge vor sich.

1 a. Markiere sämtliche Verbformen im Text. /15 Punkte

b. Ordne die Verbformen in die Tabellen unten ein. /15 Punkte

Tipp: Ein Plusquamperfekt findest du im zweiten Absatz, die Passivformen im zweiten und dritten Absatz und die Konjunktive im letzten Satz.

c. Ergänze zu jeder Verbfom den Infinitiv. /14 Punkte

Präsens	Infinitiv

Präteritum	Infinitiv

Perfekt	Infinitiv

Plusquamperfekt	Infinitiv

Futur	Infinitiv

Passiv	Infinitiv

Konjunktiv	Infinitiv

2 Schreibe den letzten Satz in wörtliche Rede um. Ergänze den folgenden Satz. /5 Punkte

Nach der Weltmeisterschaft sagen viele: „Dieser Müller

Gesamtpunktzahl: /49 Punkte

Wortart: Präposition

Merkwissen

Präpositionen (Verhältniswörter) geben ein Verhältnis an, z. B. ein örtliches (Wo? Wohin?) oder ein zeitliches (Wann?).
Nach Präpositionen stehen Wörter oder Wortgruppen in einem bestimmten **Fall**.
Nach den Präpositionen **mit**, **nach**, **bei**, **von**, **zu** und **aus** stehen Wörter oder Wortgruppen im **Dativ**, z. B.: Ich fahre **mit dem Fahrrad**.
→ Dativ

Nach den Präpositionen **durch**, **für**, **ohne** und **gegen** stehen Wörter oder Wortgruppen im **Akkusativ**, z. B.: Ich fahre **durch den Wald**.
→ Akkusativ

1 **a.** Kreise die Präpositionen ein.
b. Markiere Wortgruppen im **Dativ** nach der Präposition gelb.
c. Markiere Wortgruppen im **Akkusativ** nach der Präposition blau.
Tipp: Du findest alle Präpositionen aus dem Text im Merkwissen oben.

Ninja fotografiert gern. Deshalb hat sie schon lange (für) eine neue Kamera gespart. Aus dem Internet kennt sie schon verschiedene Kameras. Von ihrer Freundin hat sie auch viele gute Tipps bekommen. Ohne ihren Rat würde ihr die Entscheidung bestimmt schwerfallen. Eine kleine Kompaktkamera ist für Ninja geeignet. Mit einer solchen Kamera ist sie als Fotografin gut ausgerüstet. Damit kann sie nicht nur bei schönem Wetter fotografieren.

Merkwissen

Die **Präpositionen an**, **auf**, **hinter**, **neben**, **in**, **über**, **unter**, **vor** und **zwischen** können sowohl mit dem **Dativ** als auch mit dem **Akkusativ** stehen.
Im **Dativ** antworten die Wortgruppen auf die Fragen **Wo?** und **Wann?**
z. B.: Das Rad steht **an dem Baum**. Ich komme **in einer Stunde**. (**Dativ**)
Im **Akkusativ** antworten die Wortgruppen auf die Frage **Wohin?**
z. B.: Er stellt das Rad **an den Baum**. (**Akkusativ**)

2 **a.** Kreise die Präpositionen ein.
b. Markiere die Wortgruppen nach den Präpositionen.
c. Schreibe passende Fragen nach diesen Wortgruppen in die Tabelle unten.
d. Schreibe die Wortgruppen in die dritte Spalte.
e. Schreibe in die vierte Spalte den Fall der Wortgruppe.

Endlich ist es so weit. Ninja geht (in) den Fotoladen, um einzukaufen. Sie steht in dem Laden und bestaunt das Angebot. Viele Kameras liegen auf einem Tisch. Sie schaut auch hinter den Tisch und entdeckt dort ihre Lieblingskamera. Sie liegt neben einem billigeren Modell.

Verb	Frage	Wortgruppe mit Präposition	Fall
geht	*Wohin?*	*in den Fotoladen*	*Akkusativ*
steht			
liegen			
schaut			
liegt			

Merkwissen

Nach den Präpositionen **während**, **trotz** und **wegen** stehen Wortgruppen im **Genitiv**, z. B.: Wegen **des Gepäcks** musste er den Bus nehmen.
→ Genitiv

3 **a.** Kreise die Präpositionen **während**, **trotz** und **wegen** ein.
b. Markiere die Wortgruppen im Genitiv nach den Präpositionen.

Ninja kann sich (wegen) des großen Angebots nicht sofort entscheiden. Während des Gesprächs äußert der Verkäufer, dass die Kamera eine sehr gute Wahl sei. Wegen des hohen Preises ist Ninja unsicher und fährt unverrichteter Dinge nach Hause. Am Samstag begleitet ihr Vater sie zum Fotoladen. Wegen seiner Einwände überlegt sie zwar noch einmal, entscheidet sich dann aber trotz des höheren Preises für die Kamera.

4 Ergänze passende Wortgruppen vom Rand.
Stelle sie dabei in den Genitiv.

~~das schlechte Wetter,~~
der viele Regen,
die erste Stunde,
das schöne Wetter

Wegen *des schlechten Wetters* habe ich mich erkältet.

Während ______________________ war ich müde.

Trotz ______________________ musste der Ausflug ausfallen.

Wegen ______________________ war ich nicht draußen.

Z **5** **a.** Was fotografiert Ninja in ihrer Wohnung mit der neuen Kamera?
Schreibe einen eigenen Text mit fünf bis zehn Sätzen in dein Heft.
Verwende dabei Präpositionen mit Genitiv, Dativ und Akkusativ.
b. Markiere die Präpositionen mit den nachfolgenden Wortgruppen.

Am nächsten Wochenende will Ninja draußen fotografieren.

6 **a.** Kreise die Präpositionen vor den Lücken ein.
b. Ergänze in den Lücken passende Wortgruppen vom Rand.
Stelle sie dabei in den richtigen Fall.
Tipp: Lies dafür noch einmal in den drei Merkwissen nach.

~~eine Kameratasche,~~
das Fotografieren,
die Hand,
der Boden,
ein anderer Fotohändler,
ein günstiger Preis,
ihre neue Kamera,
dieser Fotohändler,
der Regen,
dieser Freitag,
der nächste Tag

Der Verkäufer des Fotoladens empfiehlt Ninja, ihre neue Digitalkamera (in) *einer Kameratasche* aufzubewahren. Die Trageschlaufe der Kamera solle sie während ______________________ immer um das Handgelenk legen, meint er. So eine kleine Kamera könne leicht aus ______________________ und auf ______________________ fallen und sei dann meist zerstört. Ninja entdeckt bei ______________________ eine Kameratasche zu ______________________. Bevor sie mit ______________________ draußen fotografiert, geht sie zu ______________________ und kauft eine neongrüne Tasche. Wegen ______________________ kann sie aber an ______________________ nicht draußen fotografieren. Aber sie freut sich schon auf ______________________.

Merkwissen

Manchmal können Präpositionen mit dem Artikel verschmelzen, z. B.:
an dem Nachmittag ⟶ **an** + **dem** = **am** Nachmittag.

7 Ergänze in den Sätzen Verschmelzungen vom Rand.

Er geht _ans_ Regal.

Sie sucht ______________ Vater Rat.

Er geht ___________ Bäcker.

Sie schaut ______________ Schaufenster.

Er wird ______________ Verkäufer gut beraten.

ans	=	an	+	das
beim	=	bei	+	dem
zum	=	zu	+	dem
ins	=	in	+	das
vom	=	von	+	dem

8 **a.** Markiere im Text die Verschmelzungen aus Präposition und Artikel.
b. Schreibe die Verschmelzungen in die erste Spalte der Tabelle am Rand.
c. Ergänze in der Tabelle die beiden Bestandteile der Verschmelzung aus Präposition und Artikel.

Am Abend fuhr eine große schwarze Limousine vors Haus. Drei schwarz gekleidete Gestalten sprangen heraus – nur der Fahrer blieb im Wagen. Gesichert vom dritten Mann, kletterten zwei der Gestalten aufs Dach. Während zwei Personen übers Dach in eine Wohnung eindrangen, warteten zwei Personen im Wagen vorm Haus. Der Besitzer vermisste am nächsten Tag einen Brief.

_am_	=	_an_	+	_dem_
_____	=	_____	+	_____
_____	=	_____	+	_____
_____	=	_____	+	_____
_____	=	_____	+	_____
_____	=	_____	+	_____
_____	=	_____	+	_____

Nach Wortgruppen mit Präpositionen kannst du fragen.

9 **a.** Ergänze passende Präpositionen und Wortgruppen vom Rand.
- Mit den Fragen in den Klammern kannst du passende Wortgruppen finden.
- Manchmal musst du die Präposition mit dem Artikel verschmelzen.

b. In welchem Fall steht das Nomen nach der Präposition? Schreibe den Fall in die Klammern dahinter.

Ninja steht _im Geschäft_ (_Dativ_) **(Wo?)**. Sie stellt die Kamera zurück ______________________ (______________) **(Wohin?)**. Ninja entscheidet sich ______________________ (______________) **(Wofür?)**. ______________________ (______________) **(Wann?)** fährt Ninja nach Hause. Sie rennt sofort ______________________ (______________) **(Wohin?)** und informiert sich ______________________ (______________) **(Wo?)** genau über die Bedienung der Kamera. Das dauert insgesamt über eine Stunde. Die Funktion eines Knopfes findet sie ______________________ ______________________ (______________) **(Warum trotzdem nicht?)** nicht heraus. Sie will ______________________ (______________) **(Weswegen?)** noch einmal den Verkäufer fragen.

~~in~~	+ ~~das Geschäft~~
nach	+ der Einkauf
an	+ ihr Platz
in	+ das Zimmer
für	+ dieser Apparat
trotz	+ die Abbildung
wegen	+ dieser Knopf
in	+ die Anleitung

Das kann ich! – Präpositionen

1 Ergänze die folgenden Merksätze.

A **Nach Präpositionen** stehen Nomen oder Pronomen in einem bestimmten ____________. Nach den Präpositionen **mit, nach, bei, von, zu** und **aus** stehen Wortgruppen im ____________. Nach den Präpositionen **durch, für, ohne** und **gegen** stehen Wortgruppen im ____________________.

B Die Präpositionen **an, auf, hinter, neben, in, über, unter, vor** und **zwischen** können sowohl mit dem ______________ als auch mit dem ____________________ stehen.

C Im **Dativ** antworten die Wortgruppen auf die Fragen: ________ und **Wann?**
Im **Akkusativ** antworten die Wortgruppen auf die Frage: __________?

D Nach den Präpositionen **während, trotz** und **wegen** stehen Wortgruppen im ______________.

2 a. Kreise die Präpositionen ein.
b. Markiere Wortgruppen im Dativ mit ihren Präpositionen gelb.
c. Markiere Wortgruppen im Akkusativ mit ihren Präpositionen blau.

Mit dieser Kamera können Sie auch ohne einen Blitz gute Nachtbilder machen. Mit einem Stativ gelingen Nachtbilder besonders gut. Durch den langen Belichtungszeitraum werden allerdings bewegte Dinge unscharf (z. B. Wellen oder Autolichter). Außerdem reicht bei großer Dunkelheit die Auflösung des Monitors nicht für eine optimale Voransicht.

3 a. Kreise die Präpositionen ein.
b. Ergänze Wortgruppen vom Rand im passenden Fall.

ihr Fotoapparat,
der LCD-Monitor,
ein längerer Zeitraum,
die Sonne,
die Verwendung,
das Reinigen

Verwenden Sie für ________________________________ nur die angegebenen Speicherkarten. Kleinere helle oder dunklere Punkte auf ____________________ haben keine Auswirkungen auf die Bilder. Lassen Sie die Kamera nicht über ____________________________ direkt in ____________________ liegen. Lesen Sie diese Anleitung vor ________________ der Kamera aufmerksam durch. Verwenden Sie zum ____________________ keine Lösungsmittel.

4 Ergänze passende Verschmelzungen aus Präposition und Artikel.

(in) Ich bin ________ Zentrum. (Dativ)

(zu) Ich gehe ________ Bahnhof. (Dativ)

(an) Ich bin fast ________ Ziel. (Dativ)

(in) Ich gehe ________ Gebäude. (Akkusativ)

(durch) Ich schaue ________ Zugfenster. (Akkusativ)

Punkte	
1	/8 Punkte
2a	/6 Punkte
2b	/3 Punkte
2c	/3 Punkte
3a	/6 Punkte
3b	/6 Punkte
4	/5 Punkte

Gesamtpunktzahl: /37 Punkte

Wortart: Konjunktion

Merkwissen

Die **Konjunktionen (Bindewörter) weil, da, nachdem, bevor, während, wenn, falls** und **damit** verbinden Haupt- und Nebensätze, z. B.:
Wir schreiben den Brief, **weil** wir zu dem Thema Stellung nehmen wollen.
Hauptsatz Konjunktion Nebensatz

Die Klasse 7a argumentiert in einem Brief, warum sie gegen das Verbot von elektronischen Geräten auf der Klassenfahrt ist.

1 **a.** Welche Konjunktionen leiten im folgenden Brief Nebensätze ein? Kreise sie ein.
b. Markiere in jedem Satzgefüge den Nebensatz.
c. Schreibe die Konjunktionen am Rand noch einmal auf.

Liebe Frau Helling,

der Gebrauch elektronischer Geräte auf der Klassenfahrt wurde verboten, da er das soziale Miteinander beeinträchtigen soll. Mit dieser Entscheidung sind wir nicht einverstanden, weil die Geräte für uns wichtige Funktionen erfüllen. Die meisten von uns entspannt es, wenn sie auf einer langen Busfahrt schöne Musik hören. Bei einer Stadtbesichtigung können wir die Geräte im Bus liegen lassen, damit wir nicht durch unsere Handys abgelenkt werden. Die Lehrkräfte nehmen den Schülern einfach die Geräte ab, falls sich einige nicht an diese Verabredung halten. Nachdem wir wieder in den Bus eingestiegen sind, können wir die Geräte wieder nutzen. Schließlich kann der Gebrauch elektronischer Geräte das soziale Leben fördern. Man kann nämlich in Teams mit Spielkonsolen spielen, während man auf den Bus wartet. Wir möchten Sie daher bitten, unsere Argumente zu berücksichtigen, bevor Sie eine endgültige Entscheidung treffen.

Mit freundlichen Grüßen

Ihre Klasse 7a

da ____________
____
____
____
____
____
____
____
____

2 **a.** Trage passende Konjunktionen aus dem Merkwissen oben ein. Manchmal gibt es mehrere Möglichkeiten.
b. Unterstreiche die Nebensätze.

Die elektronischen Geräte bleiben im Bus, *wenn* wir eine Stadt besichtigen. Wir benutzen die Geräte nur im Bus, ____________ wir bei der Stadtführung aufmerksam sind. Wir geben die Handys den Lehrkräften, ____________ wir den Bus verlassen. ____________ sich jemand nicht an die Vereinbarung hält, muss er mit einer Strafe rechnen. Wir hören gerne Musik im Bus, ____________ uns die Musik bei der Fahrt entspannt. Deswegen möchten wir die Geräte benutzen, ____________ wir wieder in den Bus gestiegen sind.

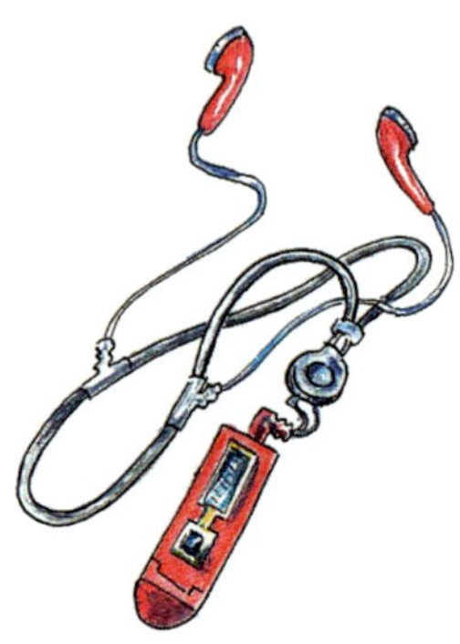

3 **a.** Verbinde die Sätze mit den Konjunktionen vom Rand. Schreibe in dein Heft.
- Prüfe, welche Konjunktionen passen.
- Markiere das gebeugte Verb im jeweils zweiten Satz.

b. Kreise im Heft die Konjunktionen ein.
c. An welche Stelle rückt das gebeugte Verb im Nebensatz? Markiere es.

A Wir brauchen unsere Handys nicht.	+	Wir besichtigen die Stadt.
B Die Stadtbesichtigung dauert nicht den ganzen Tag.	+	Die Klasse kann danach zum Spaßbad fahren.
C Die Lehrerin nimmt ihm das Handy ab.	+	Er hat sich nicht an die Vereinbarung gehalten.
D Wir sind gut gelaunt.	+	Wir hören im Bus unsere Lieblingsmusik.
E Die Klasse fährt nach Hause.	+	Niemand hat seine Geräte verloren.

damit, wenn, während, weil, nachdem

Starthilfe
Wir brauchen unsere Handys nicht, (während) wir die Stadt besichtigen.
...

4 **a.** Bilde mit jeder Konjunktion aus dem Merkwissen von Seite 80 ein Satzgefüge. Schreibe in dein Heft.
b. Kreise die Konjunktionen ein.

Das kann ich! – Konjunktionen

Punkte

1 Ergänze im folgenden Merksatz fünf Konjunktionen. — /5 Punkte

Konjunktionen wie ________, ________, ________, ________, ________ verbinden Haupt- und Nebensätze.

2 Ergänze möglichst verschiedene, aber passende Konjunktionen. Schreibe in dein Heft. — /9 Punkte

Hallo Jessie,

die Klassenfahrt ist super! Es gab Bedenken, ___ elektronische Geräte auf der Fahrt verboten werden sollten. Wir haben aber eine Vereinbarung mit unserer Lehrerin getroffen, ___ sie unseren Brief gelesen hat. Wir geben die Geräte ab, ___ wir aussteigen. Jetzt spielt niemand mit seinem Handy, ___ wir etwas besichtigen. Spielkonsolen dürfen nur benutzt werden, ___ wir kein Programm haben. Das finden wir in Ordnung, ___ sonst nicht alle mitmachen. ___ diese Regelung so gut funktioniert hat, wollen wir sie auf der nächsten Fahrt wieder anwenden. Frau Helling findet übrigens auch, dass wir viel besser gelaunt sind, ___ wir im Bus unsere Musik hören. ___ dir die Vereinbarung gefällt, kannst du sie ja eurer Klasse vorschlagen.

Deine Katharina

3 Verbinde die folgenden Sätze. Verwende die Konjunktionen vom Rand. — /8 Punkte

weil
wenn

A Die Schüler sind abgelenkt. Sie benutzen ihre Handys pausenlos.

____

____

B Nach der letzten Klassenfahrt waren einige Schüler traurig. Ihre Handys wurden beim Stadtrundgang gestohlen.

____

____

Gesamtpunktzahl: /22 Punkte

Satzglieder und Attribute

Wiederholung: Satzglieder bestimmen

Mehr zu Satzgliedern
➤ Wissenswertes S. 96

Satzglieder kannst du durch Fragen bestimmen.

1 **a.** Beantworte die Fragen zu dem Aussagesatz unter der Aufgabe.
b. Trenne die Satzglieder durch senkrechte Striche voneinander ab.
c. Kennzeichne alle Satzglieder mit den richtigen Rahmen. Unterkringele die adverbialen Bestimmungen.

Anne gibt ihrer Freundin das Buch morgen in der Schule.

Wer oder was gibt das Buch? *Anne* – Subjekt

Was tut Anne? ______ – Prädikat

Wen oder was gibt Anne? ______ – Akkusativobjekt

Wem gibt Anne das Buch? ______ – Dativobjekt

Wann? ______ – adverbiale Bestimmung der Zeit

Wo? ______ – adverbiale Bestimmung des Ortes

Prädikate

2 Umrahme in den folgenden Sätzen die Prädikate so: ( )
Tipp: In zwei Sätzen besteht das Prädikat aus zwei Teilen.

Victoria (hat) Ferhat zu ihrem Geburtstag (eingeladen). Ferhat will ihr etwas mitbringen. Ihm fällt aber kein Geschenk ein. Vielleicht kauft er ihr ein Buch.

Akkusativobjekt und Dativobjekt

3 **a.** Frage nach den hervorgehobenen Satzgliedern. Schreibe auf die Linien.
b. Umrahme die Akkusativobjekte und die Dativobjekte so: [ ]
Markiere die Dativobjekte zusätzlich farbig.

Sibel hilft **ihrem Bruder** beim Aussuchen.

Wem hilft Sibel? – ihrem Bruder

Sie entdeckt **einen Jugendkrimi**.

______

Ferhat blättert das Buch durch.

______

Der Krimi gefällt ihm.

______

Adverbiale Bestimmungen des Ortes und der Zeit

4 **a.** Unterkringele im folgenden Text die adverbialen Bestimmungen.
b. Ordne die adverbialen Bestimmungen in eine Tabelle in deinem Heft.

Gestern Abend wurde die Tankstelle in der Schlossstraße überfallen. Gegen 19 Uhr drangen zwei maskierte Männer in den Kassenraum ein und verlangten die Tageseinnahmen. Nur wenige Minuten später rannten die Räuber mit dem Geld die Schlossstraße entlang. Der Kassierer hatte jedoch während des Überfalls den Alarmknopf gedrückt. Dadurch wurden die Täter fünf Minuten später in der Badstraße von der Polizei gestoppt.

Starthilfe

Adverbiale Bestimmungen der Zeit (Wann?)	Adverbiale Bestimmungen des Ortes (Wo?)
– gestern Abend – …	– in der Schlossstraße – …

Genitivattribute

Merkwissen

Attribute sind beigefügte Wörter oder Wortgruppen.
Sie geben **zusätzliche Informationen** zu einem Nomen.
Genitivattribute stehen **hinter** dem Nomen.
Sie antworten auf die Frage: **Wessen?**
Z. B.: Das Handy meines Bruders ist kaputt.
Wessen Handy ist kaputt? das Handy **meines Bruders**

Genitivattribute in Filmtiteln sollen neugierig machen.

A Die Kinder des Monsieur Mathieu
B Herr der Diebe
C Das Geheimnis der Geisterinsel
D Zaina – Königin der Pferde
E Das Leuchten der Stille
F Das Bildnis des Dorian Gray

1 **a.** Markiere in den Filmtiteln oben die Genitivattribute.
b. Schreibe Fragen und Antworten zu den Genitivattributen in die Tabelle.

	Frage	Genitivattribut
A	*Wessen Kinder?*	*des Monsieur Mathieu*
B		
C		
D		
E		
F		

2 Ergänze zu den folgenden Filmtiteln selbst Genitivattribute.

Das Verschwinden *der Juwelen*
Das Geheimnis ____________
Das Haus ____________
Der Raub ____________
Die Nacht ____________
Der Wald ____________

3 **a.** Ergänze im Text Genitivformen der passenden Nomen vom Rand.
b. Schreibe die Genitive noch einmal am Rand zu den Nominativen.
c. Markiere im Genitiv am Rand die Unterschiede zum Nominativ.

Die Kinder des Monsieur Mathieu

Clément Mathieu bekommt eine Anstellung als Lehrer *des Internats* für schwer erziehbare Jungen. Er ist entsetzt über die harten Erziehungsmethoden ____________. Dann gründet er einen Chor und gewinnt die Zuneigung ____________. Die Jugendlichen öffnen sich dem Zauber ____________. Doch der Direktor versucht alles, um den Erfolg ____________ zu stören.

Nominativ und Genitiv
das Internat – *des Internats*
der Direktor – ____________
die Schüler – ____________
die Musik – ____________
der Chor – ____________

Z Weiterführendes: Adjektivische Attribute

Merkwissen

Adjektivische Attribute stehen **vor** dem Nomen.
Sie antworten auf die Fragen: **Welche? / Welcher? / Welches?**
Z. B.: Heute kommt meine beste Freundin.
Welche Freundin kommt? die **beste** Freundin

Auch adjektivische Attribute machen Filmtitel interessant.

4 **a.** Markiere in den folgenden Filmtiteln die adjektivischen Attribute.
b. Schreibe die Filmtitel neu. Ersetze dazu die adjektivischen Attribute.
c. Markiere die Attribute in deinen neuen Titeln.

a) Die Geschichte vom weinenden Kamel

Die Geschichte vom lachenden Kamel

b) The Messenger – Die letzte Nachricht

____

c) Eine zauberhafte Nanny II __________

d) Der fantastische Mr. Fox __________

e) Vertraute Fremde __________

f) Das weiße Band __________

5 **a.** Frage nach den adjektivischen Attributen in den Filmtiteln aus Aufgabe 4. Schreibe die Fragen und die Antworten in dein Heft.
b. Markiere die Fragewörter und die Attribute in den Antworten.

6 Gestalte die folgenden Zeitungsschlagzeilen interessanter.
Ergänze dazu jeweils ein Genitivattribut und ein adjektivisches Attribut.
Du kannst die Wörter vom Rand verwenden.

Der *unglaubliche* Diebstahl *der Kunstwerke*
Der __________ Triumph __________
Das __________ Treffen __________
Das __________ Versagen __________
Die __________ Niederlage __________
Die __________ Heimkehr __________

~~unglaublich~~, enttäuschend, plötzlich, schrecklich, wunderbar, unerwartet

~~die Kunstwerke~~, die Nationalelf, die Schwimmerin, der Spion, der Zirkuskünstler, der Kapitän

7 **a.** Schreibe eigene Beispielsätze mit Attributen in dein Heft.
Verwende in jedem Satz ein Genitivattribut und ein adjektivisches Attribut.
b. Markiere die Genitivattribute blau und die adjektivischen Attribute gelb.

Starthilfe

Der überraschende Auftritt der Sängerin hat die Fans begeistert.
...

Z **8** Schreibe deine Sätze aus Aufgabe 7 noch einmal neu. Ergänze dabei in jedem Genitivattribut ein adjektivisches Attribut.

Starthilfe

Der überraschende Auftritt der grandiosen Sängerin hat die Fans begeistert.
...

Das kann ich! – Satzglieder und Attribute

Punkte

1 Bestimme die Satzglieder.
Schreibe die Fragen und Antworten zu den einzelnen Satzgliedern des folgenden Aussagesatzes auf.

/12 Punkte

Gestern hat Florian seinem Freund in der Schule sein Handy verborgt.

a) Subjekt — Frage: ____________________
Antwort: ____________________

b) Prädikat — Frage: ____________________
Antwort: ____________________

c) Akkusativobjekt — Frage: ____________________
Antwort: ____________________

d) Dativobjekt — Frage: ____________________
Antwort: ____________________

e) Adverbiale Bestimmung des Ortes — Frage: ____________________
Antwort: ____________________

f) Adverbiale Bestimmung der Zeit — Frage: ____________________
Antwort: ____________________

2 Ergänze die folgenden Merksätze.

/7 Punkte

Attribute geben zusätzliche Informationen zu einem ____________________.

Genitivattribute stehen ____________________ dem Nomen. Man erfragt sie mit: ____________________?

Adjektivische Attribute stehen ______________ dem Nomen. Man erfragt sie mit: ______________? / ______________? / ______________?

3 Markiere alle Genitivattribute blau und alle adjektivischen Attribute gelb. Berücksichtige dabei auch die Überschrift.

/11 Punkte

Grandioser Sieg des Löwenteams

In einem aufregenden Fußballspiel gegen die Mannschaft der Heinrich-Böll-Oberschule errang unsere Mannschaft gestern einen wunderbaren Sieg mit 5:1. Der Trainer der Fußball-Elf zeigte sich überaus glücklich: „Die kämpferischen Spieler des Löwenteams erwiesen sich als Helden des richtigen Augenblicks. Farblos wirkte dagegen das Spiel des Gegners.“ Unser Team erhält für seinen Sieg einen goldenen Pokal. Den Pokal wird die Schulleiterin am Dienstag in der Aula überreichen.

Gesamtpunktzahl: /30 Punkte

Der Kompetenztest

Das kann ich! – Sachtexte und Grafiken erschließen

1 Lies den Text mithilfe des Textknackers.

Marathon – vom Mythos zum Massenphänomen

(1) Singapur 2008 – 15 000 Läufer, Berlin 2009 – fast 41 000 Läufer, London 2010 etwa 37 000 Läufer! Mehrmals im Jahr treffen sich viele Menschen, um stundenlang zu laufen. Was bringt sie dazu, sich freiwillig über eine Strecke von 42,195 km zu quälen? Was macht den Reiz des Marathonlaufs aus?

Angefangen hatte alles vor etwa 2 500 Jahren, genau um 490 v. Chr. Da fand in der Nähe eines kleinen Ortes namens Marathon eine Schlacht zwischen Griechen und Persern statt. Die Griechen siegten. Und 600 Jahre nach dieser Schlacht berichtete der Geschichtsschreiber Plutarch von einem Läufer namens Pheidippides, der die Siegesbotschaft über knapp 40 km nach Athen getragen habe. Dort angekommen, sei er an Erschöpfung gestorben. Dieser sagenhafte Lauf, der vermutlich so nie stattgefunden hat, ist das Vorbild für den modernen Marathonlauf. Ein Körnchen Wahrheit enthält die Sage aber doch. So beschreibt Herodot[1] den Lauf eines Boten von Marathon nach Sparta, um Unterstützung in der bevorstehenden Schlacht zu erbitten. Allerdings dauerte dieser Botenlauf etwa zwei Tage und ging über 250 Kilometer.

Der Marathon wurde bei den antiken Olympischen Spielen niemals gelaufen. Erst bei den Spielen der Neuzeit kam er ins olympische Programm. Pierre Baron de Coubertin, Begründer der modernen Olympischen Spiele, hatte sich persönlich dafür starkgemacht, da er den antiken Mythos[2] zu Werbezwecken nutzen wollte. Den ersten offiziellen Marathonlauf in der Geschichte gewann 1896 in Athen dann auch ein Grieche. In einer Zeit von 2:58:50 Stunden erreichte Spiridon Louis (Σπυρίδων Λούης) als Erster die Ziellinie. Danach sollte der völlig erschöpfte Sieger sich die Beine durchkneten lassen, was er jedoch entrüstet ablehnte. Von Sportmassage hatte Louis nie etwas gehört. Er wurde zum Helden: Der 1940 verstorbene Läufer erhielt ein Ehrengrab und das neue Olympiastadion von Athen trägt seinen Namen.

Die Marathon-Strecke, 1896

Bei den ersten Olympischen Spielen der Neuzeit 1896 in Athen lief man knapp 40 Kilometer. Die heute übliche Distanz von 42,195 Kilometern geht auf einen Wunsch der britischen Königin Alexandra bei den Olympischen Spielen 1908 in London zurück. Sie ließ den Start des Marathons in den Windsor-Schlosspark verlegen, damit die Kinder des Königshauses dem Spektakel beiwohnen konnten. Bis zur Ehrenloge der Königin im White-City-Stadion waren es exakt 26 Meilen und 385 Yards, was der heutigen Kilometerzahl entspricht. Seit den Olympischen Spielen in Paris 1924 wird diese Distanz regelmäßig gelaufen.

1 Herodot: ein griechischer Geschichtsschreiber. (ca. 490 bis 424 vor unserer Zeitrechnung).
2 der Mythos: eine sagenhafte Erzählung.

Die Geschichte des Marathons ist voll von ungewöhnlichen Begebenheiten. 1904 etwa soll der Amerikaner Lorz bei dem Marathonlauf in St. Louis nach etwa der Hälfte der Distanz in ein Auto gestiegen und den Rest der Strecke gefahren sein, um dann, als sei nichts gewesen, als Erster durchs Ziel zu laufen. 1908 in London lief ein Italiener als Erster in das Stadion hinein. In der letzten Stadionrunde brach er vor Erschöpfung fünf Mal zusammen und benötigte dafür 9:46 Minuten. Schließlich stützten ihn zwei Helfer auf den wenigen Metern bis zur Ziellinie. Deshalb wurde er disqualifiziert. Der Äthiopier Bikila lief 1960 in Rom barfuß zu Olympia-Gold. Bei den Olympischen Spielen 1972 in München stahl ein junger Zuschauer dem überlegenen amerikanischen Olympiasieger Frank Shorter den Applaus, als er kurz vor dessen Ankunft die Absperrung überwand und als Erster ins Münchner Olympiastadion einlief.

Was aber motiviert so viele Sportler zum Marathonlauf? Ist es der Abbau von Stress und Ärger? Ist es der Ehrgeiz, etwas zu schaffen, was die meisten nicht können? Ist es das „gute Gefühl", das durch chemische Botenstoffe im Gehirn ausgelöst wird? Diese Fragen wird man nur individuell beantworten können. Auf jeden Fall ist der Marathonlauf eine Sportart, die großen Respekt verdient.

Wie schnell wird Marathon gelaufen?

New-York- und Berlin-Marathon 2004 – Verteilung der Läufer im Ziel nach Zeiten

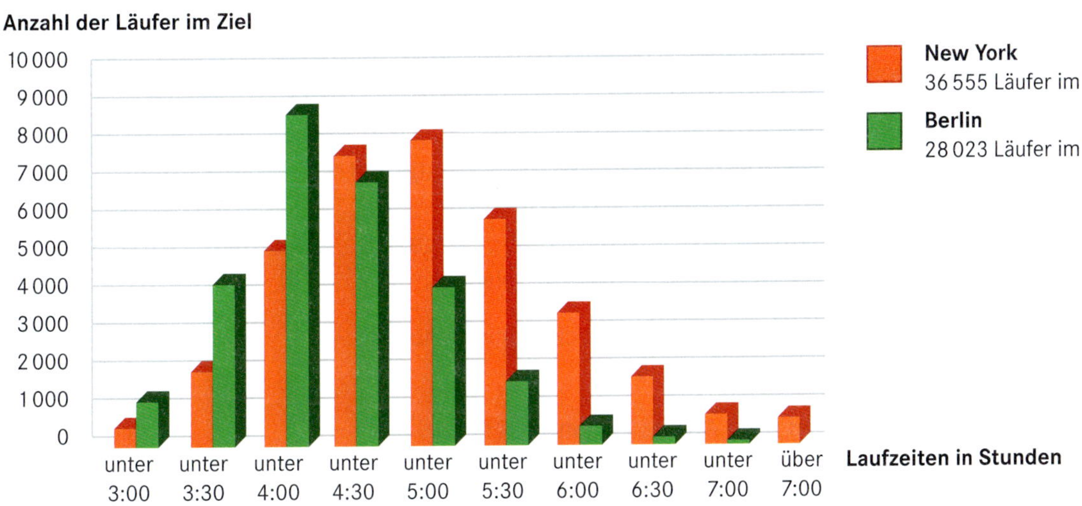

Die Trainingserfordernisse für das Wettkampfziel Marathon

Zielzeit	Trainingsumfang pro Woche	Training pro Woche	Lauferfahrungen (Minimum)	Derzeitige 10-km-Zeit
5:00–5:40 Stunden	35–45 km	3- bis 4-mal	1 Jahr	unter 65 Minuten
unter 5:00 Stunden	40–50 km	3- bis 4-mal	1 Jahr	unter 60 Minuten
unter 4:30 Stunden	45–55 km	4-mal	1–1,5 Jahre	unter 55 Minuten
unter 4:00 Stunden	50–60 km	4-mal	1–1,5 Jahre	unter 51 Minuten
unter 3:45 Stunden	60–70 km	4- bis 5-mal	1,5–2 Jahre	unter 48 Minuten
unter 3:30 Stunden	70–80 km	4- bis 5-mal	2 Jahre	unter 45 Minuten
unter 3:15 Stunden	80–90 km	5- bis 6-mal	2 Jahre	unter 42 Minuten
unter 3:00 Stunden	90–110 km	6- bis 7-mal	3 Jahre	37–39 Minuten
unter 2:45 Stunden	100–120 km	7-mal	4 Jahre	34–36 Minuten
unter 2:30 Stunden	130–150 km	über 7-mal	5 Jahre	30–32 Minuten

2 a. Markiere die Absätze am Textrand mit Kreisen und nummeriere sie.
b. Schreibe für die Absätze 2 bis 6 passende Überschriften.

1 Warum laufen Tausende Marathon? 2 ____________

3 ____________ 4 ____________

5 ____________ 6 ____________

Punkte /10 P.

3 Lies die Fragen der Aufgaben 4 bis 23 genau.
Kreuze jeweils die **eine** richtige Antwort an.

4 Welche Aussage zur Geschichte des Marathonlaufs ist richtig? /2 P.

- ☐ a) Der antike Marathonlauf fand nach der Schlacht bei Marathon statt.
- ☐ b) Die Strecke wurde nicht zu Fuß, sondern zu Pferd zurückgelegt.
- ☐ c) Bei dem antiken Marathonlauf handelt es sich vermutlich um eine Sage.
- ☐ d) Der Läufer lief nach Sparta, um den Sieg zu verkünden.

5 Die Schlacht von Marathon (490 v. Chr.) fand statt zwischen ... /2 P.

- ☐ a) ... Spartanern und Griechen. ☐ b) ... Spartanern und Persern.
- ☐ c) ... Athenern und Spartanern. ☐ d) ... Griechen und Persern.

6 Welche Aussage zu den ersten Olympischen Spielen der Neuzeit ist richtig? /2 P.

- ☐ a) Der Sieger des Marathonlaufs war ein Russe.
- ☐ b) Die Marathonstrecke war bei den Spielen von 1896 kürzer als 40 km.
- ☐ c) Nach dem Lauf ließ sich der Sieger die Beine massieren.
- ☐ d) Das Olympiastadion von London wurde nach dem Sieger benannt.

7 Wann wurde die Länge des Marathonlaufs festgelegt? /2 P.

- ☐ a) Die Streckenlänge wechselt je nach Gelände. Sie wurde nie festgelegt.
- ☐ b) Es ist genau die Entfernung Marathon–Athen. Sie gilt seit 490 v. Chr.
- ☐ c) Die Länge wurde bei den ersten Spielen der Neuzeit 1896 festgelegt.
- ☐ d) Seit 1924 wird regelmäßig die Distanz von 42,195 km gelaufen.

8 In welchem Jahr lief der Olympiasieger die Marathonstrecke ohne Schuhe? /2 P.

☐ a) 1972 ☐ b) 1960 ☐ c) 1908 ☐ d) 1904

9 Wie lang ist die Strecke von Marathon nach Athen? Lies im Text nach. /2 P.

- ☐ a) 42,195 km ☐ b) etwa 35 km
- ☐ c) knapp 40 km ☐ d) genau 41,5 km

10 Die höchste Erhebung der Laufstrecke von Marathon nach Athen beträgt ... /2 P.

☐ a) 500 m ☐ b) 380 m ☐ c) 175 m ☐ d) 240 m

11 Wie kam es zu den heute üblichen 42,195 km Streckenlänge? /10 P.
Schreibe die Erklärung aus dem Text in eigenen Worten auf.

____

____

____

____

12 Der griechische Geschichtsschreiber Herodot lebte vor ungefähr ... /2 P.

- ☐ a) ... 2 500 Jahren. ☐ b) ... 1 500 Jahren.
- ☐ c) ... 3 000 Jahren. ☐ d) ... 2 000 Jahren.

13 Ein Mythos ist ... /2 P.

- ☐ a) ... ein Halbmarathon. ☐ c) ... ein Geschichtsbericht.
- ☐ b) ... eine sagenhafte Erzählung. ☐ d) ... eine antike Stadt.

Gesamtpunktzahl dieser Seite: /38 P.

Werte die Grafik zur Geschwindigkeit der Läufer aus.

14 Um was für eine Grafik handelt es sich? Kreuze an.
☐ a) Kreisdiagramm ☐ b) Kurvendiagramm ☐ c) Säulendiagramm

15 Wie viele Läufer kamen beim Berlin-Marathon 2004 ins Ziel? Kreuze an.
☐ a) ca. 1 000 ☐ b) ca. 4 000 ☐ c) ca. 28 000 ☐ d) ca. 8 000

16 Wie viele Läufer kamen 2004 in New York ins Ziel? Kreuze an.
☐ a) ca. 500 ☐ b) ca. 2 000 ☐ c) ca. 36 500 ☐ d) ca. 5 000

17 Werte die Zahlen für den Berlin-Marathon aus. Ergänze den Satz richtig.
Ungefähr die Hälfte der Läufer im Ziel 2004 in **Berlin** benötigte für die Strecke weniger als ...
Tipp: Addiere die Balken von links, bis du bei ca. 15 000 bist.
☐ a) 3:00 Std. ☐ b) 3:30 Std. ☐ c) 4:00 Std. ☐ d) 4:30 Std.

18 Werte die Zahlen für den New-York-Marathon aus. Ergänze den Satz richtig.
Über die Hälfte der Läufer im Ziel 2004 in **New York** benötigte mehr als ...
Tipp: Addiere die Balken von rechts, bis du bei ca. 20 000 bist.
☐ a) 6:00 Std. ☐ b) 5:30 Std. ☐ c) 5:00 Std. ☐ d) 4:30 Std.

19 Vergleiche die Laufzeiten bis 4 Stunden in Berlin und New York. Kreuze an.
Im Vergleich zu New York erreichten diese Zeiten in Berlin ...
☐ a) ... gleich viele Läufer.
☐ b) ... ungefähr 3 000 Läufer mehr.
☐ c) ... ungefähr 6 000 Läufer mehr.
☐ d) ... ungefähr 6 000 Läufer weniger.

Werte die Tabelle zu den Trainingserfordernissen aus.

20 Ergänze den folgenden Satz richtig. Kreuze an.
Um eine Laufzeit von knapp 3 Stunden zu erreichen, muss der Läufer ...
☐ a) ... 4 Jahre lang die 10-Kilometer-Strecke unter 39 Minuten laufen.
☐ b) ... mindestens 3 Jahre lang fast täglich trainieren.
☐ c) ... 3- bis 4-mal pro Woche über 50 Kilometer laufen.
☐ d) ... jeden Tag über 100 Kilometer laufen.

21 Schreibe den Trainingsplan für Läufer auf, die ungefähr so schnell sein wollen wie Spiridon Louis 1896.

____

Schlüsse aus beiden Grafiken zu ziehen, ist besonders schwierig.

22 Ergänze den folgenden Satz richtig. Kreuze an.
Um 2004 in Berlin unter den ersten 5 000 zu sein, mussten die Läufer ...
☐ a) ... 5 Jahre trainieren und bis zu 150 Kilometer pro Woche laufen.
☐ b) ... 4-mal pro Woche mindestens 11 Kilometer laufen.
☐ c) ... 2 Jahre lang 5-mal pro Woche trainieren.
☐ d) ... 2 Jahre lang mindestens 70 Kilometer pro Woche laufen.

23 Ergänze den folgenden Satz richtig. Kreuze an.
Um 2004 in New York unter den ersten 7 500 zu sein, mussten die Läufer ...
☐ a) ... 5 Jahre trainieren und die 10 km unter 39 Minuten laufen.
☐ b) ... 1–1,5 Jahre lang 4-mal pro Woche trainieren.
☐ c) ... die 10-Kilometer-Strecke unter 40 Minuten laufen.
☐ d) ... bis zu 150 Kilometer im Jahr laufen.

Punkte

Aufgabe	Punkte
14	/2 Punkte
15	/2 Punkte
16	/2 Punkte
17	/2 Punkte
18	/2 Punkte
19	/2 Punkte
20	/2 Punkte
21	/5 Punkte
22	/4 Punkte
23	/4 Punkte

Gesamtpunktzahl dieser Seite: /27 Punkte
Gesamtpunktzahl vorheriger Seite: /38 Punkte
Sachtexte und Grafiken erschließen – Gesamtpunktzahl: /65 Punkte

Das kann ich! – Rechtschreiben

Punkte

1 a. Ergänze den folgenden Satz.

Du kannst Wörter mit **ä** oder **äu** von verwandten Wörtern mit ___ oder ___ ableiten. /2 P.

b. Entscheide die Schreibung. Schreibe die Wörter richtig auf die Linie. /4 P.

tr____men (**äu/eu**) ________________ der Verk____fer (**äu/eu**) ________________

z___hlen (**ä/e**) ________________ der B___cker (**ä/e**) ________________

2 a. Markiere in allen Wörtern der Wortfamilie „**fass**en“ den Wortstamm. /22
b. Streiche drei Wörter durch, die nicht zur Wortfamilie „**fass**en“ gehören. /3 P.

verfassen, umfassen, die Verfassung, unfassbar, fassungslos, die Einfassung, anfassen, fast, das Tintenfass, die Weltauffassung, fasten, erfassen, zufassen, fassförmig, die Zusammenfassung, nachfassen, die Gefasstheit, befassen, das Fassungsvermögen, weltumfassend, die Faser, die Brillenfassung, einfassen, die Datenerfassung, verfassungsrechtlich

c. Schreibe die Verben der Wortfamilie „fassen“ aus dem Kasten auf die Linien. /8 P.

____

____

3 a. Ergänze die Merksätze zur Großschreibung. /3 P.
b. Bilde zu jedem Merksatz mit den Wörtern in Klammern Nomen. /10
Schreibe in dein Heft.

A Aus ____________ können Nomen werden. Der Artikel **das** und die Wörter **beim**, **im**, **vom** und **zum** machen’s. (essen, fahren, gehen, schreiben)

B Aus ____________ können Nomen werden. Die Wörter **etwas**, **nichts**, **viel** und **wenig** machen’s. (gelb, neu, lustig, spannend)

C Das starke Wort **im** kann aus ________________ Nomen machen. (still, allgemein)

4 Bilde Adverbien mit **s**. /4 P.

der Montag – ________________ der Mittag – ________________

der Freitag – ________________ die Nacht – ________________

5 a. Ergänze den folgenden Merksatz mit dem richtigen Wort vom Rand. /1 P.

Alle Verbindungen mit **sein** schreibt man ________________.

getrennt,
zusammen

b. Ergänze in den Sätzen passende Verbindungen mit **sein**. /3 P.

Das Licht muss ________________, damit ich schlafen kann.

Er rannte uns hinterher, weil er unbedingt ________________ wollte.

Ich muss mit den Hausaufgaben ________________, bevor es Abend wird.

Rechtschreiben – Gesamtpunktzahl: ___ /60

Das kann ich! – Grammatik

Adverbien …

____________	____________	____________	____________
morgen dienstags ____________	dort draußen ____________	deswegen darum ____________	vielleicht haufenweise ____________

Punkte

1 **a.** Was für Adverbien sind in den Spalten der Tabelle sortiert? Trage über jeder Spalte eine passende Überschrift vom Rand ein. /4 Punkte
b. Markiere weitere vier Adverbien in den Sätzen unter der Aufgabe. /4 Punkte
c. Ordne diese Adverbien in die richtigen Spalten der Tabelle ein. /4 Punkte

des Ortes,
der Zeit,
des Grundes,
der Art und Weise

Heute findet hier ein Festumzug statt.
Deshalb ziehen wir Kostüme an. Das macht normalerweise allen Spaß.

2 Finde im folgenden Text eine Verbform im Konjunktiv. Kreise sie ein. /2 Punkte
Tipp: Der Konjunktiv gibt Gesagtes ohne Anführungszeichen wieder.

Bei der letzten Sitzung des Schülerrates hatte Olga eine Idee: „Wir organisieren einen Spielabend. Das haben wir an meiner alten Schule auch immer gemacht." Alle waren begeistert. Pia sagte, sie schreibe sofort einen Antrag an die Schulleitung. Nachdem Pia den Antrag abgegeben hatte, berichtete sie dem Schülerrat: „Der Schulleiter wird den Antrag morgen mit den Lehrkräften prüfen. Aber er ist jetzt schon Feuer und Flamme."

3 **a.** Markiere im Text unter Aufgabe 2 alle weiteren Verbformen. /12 Punkte
b. Ordne die Verben nach ihren Zeitformen. Schreibe auf die Linien. /12 Punkte
Tipp: Manche Zeitformen bestehen aus zwei Wörtern.

Präteritum (4): ____________, ____________, ____________,
____________ Präsens (2): ____________, ____________

Futur: ____________ ____________ Perfekt: ____________ ____________

Plusquamperfekt: ____________ ____________

4 Bestimme die Wortarten aller Wörter im folgenden Satz. /12 Punkte
Schreibe auf die Linien zu jedem Wort die passende Bezeichnung vom Rand.

Ich fahre heute mit diesem neuen Fahrrad, das meine Eltern mir schenkten.

ich: ____________ fahre: ____________

heute: ____________ mit: ____________

diesem: ____________ neuen: ____________

Fahrrad: ____________ das: ____________

meine: ____________ Eltern: ____________

mir: ____________ schenkten: ____________

Personalpronomen (2x),
Verb (2x),
Präposition,
Possessivpronomen,
Adverb,
Adjektiv,
Nomen (2x),
Relativpronomen,
Demonstrativpronomen

Grammatik- Gesamtpunktzahl: /50 Punkte

Das kann ich! – Versuche beschreiben

Punkt

Bastelanleitung für ein Windrad

Materialien: 1 Blatt Tonpapier, 1 gerader frischer Zweig ohne Äste, 1 Stecknadel mit größerem Kopf, 1 Perle mit Loch, Bleistift, Lineal, Schere

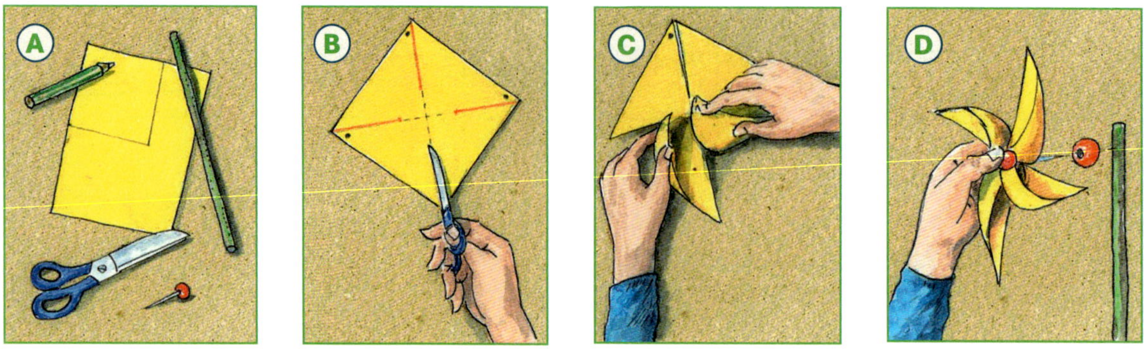

- ☐ Zuerst wird aus dem Tonpapier ein Quadrat mit einer Seitenlänge von 15 cm ausgeschnitten.
- ☐ Zum Schluss wird die Perle auf die Nadel geschoben und dann wird das Windrad auf den Zweig gesteckt.
- ☐ Als Nächstes zeichnete er mit dem Lineal zwischen den Ecken zwei Diagonalen.
- ☐ Anschließend markierte er links von den Einschnitten in die Ecken Punkte, durch die später die Nadel gestochen wird.
- ☐ Danach werden die markierten Ecken zur Mitte gefaltet. Dabei werden die Spitzen übereinandergelegt. Jetzt wird mit der Nadel durch alle vier Spitzen gestochen.
- ☐ Dann schnitt er genau 7 cm entlang jeder Diagonale.

1 Vergleiche die Materialliste mit der Abbildung (A).
Welche Materialien fehlen auf der Abbildung? Schreibe sie auf die Linien. /2 P

____________________ ____________________

2 Nummeriere die sechs Schritte der Anleitung in der richtigen Reihenfolge mit den Zahlen von 1 bis 6. /6 P

3 Eine Passivform ist markiert. Markiere weitere sechs Passivformen.
Markiere immer die Form von werden und die dazugehörige Verbform. /12

4 Drei Sätze stehen noch in der Er-Form und im Präteritum.
a. Streiche die Er-Formen und die Verben im Präteritum durch. /3 P
b. Ersetze alle gestrichenen Verben durch das Passiv im Präsens. /3 P
Schreibe die beiden nötigen Verbformen jeweils auf eine Linie.

____

____

____

5 Schreibe die überarbeitete Anleitung in dein Heft.
Schreibe im **Passiv** und im **Präsens**.
Verwende deine Ergebnisse aus den Aufgaben 1 bis 4. /24

Versuche beschreiben – Gesamtpunktzahl: /50

Punkte

Entfernung der Musikanlagen aus den Klassen,
Mit freundlichen Grüßen,
20.05.2010,
33188 Großdorf

Adrian Klasing (Schülersprecher) ____________________
Wagenstraße 27
33188 Großdorf

An die
Schulleitung der Realschule Großdorf
Herrn Hagen
Große Straße 57

____

____

Hallöchen Herr Hagen,

Sie haben uns aufgefordert, die Musikanlagen aus unseren Klassenräumen zu entfernen, da diese das soziale Leben in der Schule beeinträchtigten. Im Schülerrat stimmte die große Mehrheit gegen ihre Maßnahme. Wir meinen, dass die Musikanlagen das soziale Leben fördern, weil dadurch alle die Lieblingsmusik der Stärksten in voller Lautstärke hören müssen. Unser wichtigstes Argument ist, dass die Musikanlagen gut für unsere Bildung sind, weil wir in der großen Pause häufig Nachrichten hören. Ein weiteres Argument ist, dass wir mit Musik die Hausaufgaben nachmittags erfolgreicher erledigen, weil wir uns voll relaxt besser konzentrieren können. Wir sind daher der Meinung, dass die Musikanlagen für das Lernen und für das soziale Leben gut sind, und bitten Sie, Ihre Entscheidung zu überdenken.

____

Adrian Klasing

1 **a.** Welche Angaben fehlen in den Lücken? Kreuze an. — /4 Punkte

☐ Anrede ☐ Gruß ☐ Adresse ☐ Datum ☐ Betreff ☐ Stadt ☐ Unterschrift

b. Ergänze fehlende Angaben im Brief. Du findest Vorschläge oben am Rand. — /4 Punkte

2 **a.** Markiere zwei ungeeignete umgangssprachliche Formulierungen mit Gelb. — /2 Punkte

b. Schreibe zwei geeignete Formulierungen auf die Linien. — /2 Punkte

______________________ ______________________

3 **a.** Markiere die Behauptungen im Brief mit Blau. — /3 Punkte

b. Markiere die Begründungen (Argumente) mit Rot. — /3 Punkte

c. Ein Argument steht nicht an der besten Stelle. Kreise es ein. Wohin gehört das Argument? Zeichne einen Pfeil an den Rand. — /2 Punkte

4 **a.** Ein Argument ist nicht überzeugend. Streiche es durch. — /1 Punkt

b. Schreibe eine eigene Begründung, wie Musikanlagen das soziale Leben fördern können. Schreibe in dein Heft. — /3 Punkte

5 Überarbeite den Brief vollständig. Schreibe auf einen Briefbogen. — /16 Punkte

- Überarbeite dabei alle formalen Fehler aus den Aufgaben 1 bis 3.
- Ergänze deine Begründung aus Aufgabe 4.

Briefe überarbeiten, Stellung nehmen – Gesamtpunktzahl: /40 Punkte

Der Kompetenztest - Gesamtpunktzahl: /265 Punkte

Wissenswertes auf einen Blick

Rechtschreiben, Zeichensetzung

Das Gliedern, das Verlängern, das Ableiten

Beim **Gliedern** zerlegst du mehrsilbige Wörter in Sprechsilben.
Beispiel: Regenwolke

d oder **t**, **g** oder **k** am Ende eines Wortes? Das **Verlängern** bringt die Entscheidung.
der Abend – die Aben**d**e das Getränk – die Geträn**k**e

ä oder **e** klingen in vielen Wörtern ähnlich. Das **Ableiten** hilft dir beim Schreiben.
Leite ab: Finde ein verwandtes Wort mit **a** und du weißt, dass du **ä** schreiben musst.
die Wärme kommt von warm – also ä
ä/e? a! ⟶ ä

Übungen S. 44–45

Wortfamilie – Wortstamm

Manche Wörter sind miteinander verwandt und bilden **Wortfamilien**.
Die Mitglieder einer Wortfamilie haben denselben **Wortstamm**.
fühlen, das Mitge**fühl**, ein**fühl**sam, das Ge**fühl**, das Ehrge**fühl**

Übungen S. 45–46

Großschreibung

Aus **Verben** können **Nomen** werden. Der Artikel **das** und die Wörter **zum**, **beim** und **im** machen's!
rechnen ⟶ das Rechnen / zum Rechnen / beim Rechen / im Rechnen

Achtung! Zwischen **das**, **zum**, **beim** und **im** und den Nomen steht manchmal ein Adjektiv.
Die Großschreibung des Verbs bleibt. Das Adjektiv wird kleingeschrieben.
das Schreiben ⟶ das richtige Schreiben

Aus Adjektiven können Nomen werden.
Die Wörter **etwas**, **nichts**, **viel** und **wenig** machen's!
neu ⟶ etwas Neues ⟶ nichts Neues ⟶ viel Neues ⟶ wenig Neues

Adjektive in **Eigennamen** schreibt man groß.
Familie Meier fährt in den **Bayerischen** Wald.

Übungen S. 48–50

Wochentage und Tageszeiten

Aus **Wochentagen** und **Tageszeiten** kann man zusammengesetzte Nomen bilden.
der Mittwoch + der Morgen = der Mittwochmorgen

Wochentage und Tageszeiten mit einem **s** am Ende sind **Adverbien**. Sie werden **kleingeschrieben**.
Ich mache **abends** meistens Hausaufgaben, nur **mittwochs** gehe ich zum Sport.

Übungen S. 52–53

Getrenntschreibung

Die Wortgruppe **Verb** + **Verb** wird in der Regel **getrennt** geschrieben.
Ich will endlich **schwimmen lernen**.

Wortgruppen mit **sein** schreibt man **getrennt**, egal welches Wort vor **sein** steht.
da sein, an sein

Übungen S. 54–55

Fremdwörter

Fremdwörter kann man oft an ihren **Endungen** (Suffixen) erkennen. Die Nomen auf **-(t)ion** sind oft mit den Verben auf **-ieren** verwandt, z. B.: die Addi**tion** / addi**eren**.

Übungen S. 56–57

Komma bei dass-Sätzen

Nach Verben des Sagens, Denkens und Meinens folgen oft dass-Sätze.
Der **dass**-Satz wird durch ein Komma vom Hauptsatz abgetrennt.
Ich hoffe sehr**, dass** so etwas nicht noch einmal vorkommt.

Übungen S. 58–59

Komma bei Nebensätzen

Die Konjunktionen **als**, **weil**, **wenn**, **obwohl**, **dass**, **sodass**, **solange** und **nachdem** leiten Nebensätze ein, die vom Hauptsatz durch ein **Komma** getrennt werden.

Als ich dich **sah, freute** ich mich sehr. **Weil** es spät **ist, gehe** ich jetzt nach Hause.

Wenn ich Ferien **habe, schlafe** ich morgens lange.

Übungen S. 60–62

Zeichensetzung bei wörtlicher Rede

Wörtliche Rede erkennt man an den **„Anführungszeichen“** am Anfang und am Ende.
Steht der **Begleitsatz vorn**, folgt ein **Doppelpunkt**.
Steht der **Begleitsatz hinten**, steht immer ein **Komma** davor.

Die Lehrerin sagte**:** **„**Setzt euch bitte auf eure Plätze.**“**

„Setzt euch bitte auf eure Plätze**“,** sagte die Lehrerin.

Übungen S. 62

Grammatik

Nomen

Nomen bezeichnen Lebewesen (Menschen, Tiere, Pflanzen), Gegenstände und gedachte oder vorgestellte Dinge. Nomen werden im Deutschen immer **großgeschrieben**.
Vor Nomen steht oft ein **bestimmter Artikel** (der, das, die) oder ein **unbestimmter Artikel** (ein, ein, eine).

Übungen S. 64

Adjektive

Adjektive werden auch als **Eigenschaftswörter** bezeichnet. Sie werden immer **kleingeschrieben**.
Mit Adjektiven kannst du Personen, Tiere oder Gegenstände genauer beschreiben.
Wenn du Personen, Tiere oder Gegenstände vergleichen willst, kannst du **gesteigerte Adjektive** verwenden.

Positiv (Grundform)	**Komparativ** (1. Steigerungsform)	**Superlativ** (2. Steigerungsform)
(so) groß (wie)	größer (als)	am größten

Übungen S. 64

Pronomen

Personalpronomen: Die Personalpronomen **ich**, **du**, **er**, **sie**, **es**, **wir**, **ihr**, **sie** kann man für Personen, Lebewesen und Dinge einsetzen, z. B.: Martin fährt Fahrrad. **Er** fährt schnell.

Possessivpronomen: Die Possessivpronomen **mein/meine**, **dein/deine**, **sein/seine**, **ihr/ihre**, **unser/unsere**, **euer/eure**, **ihr/ihre** zeigen an, wem etwas gehört.

Relativpronomen: Mit den Relativpronomen **der**, **die**, **das** / **welcher**, **welche**, **welches** kann man **Nebensätze** einleiten.
Das Relativpronomen **bezieht sich auf ein Nomen** oder **Pronomen** zurück und steht nach einem **Komma**, z. B.:
Ich lese das Buch, **das** du mir geschenkt hast.

Demonstrativpronomen: Mit den Demonstrativpronomen **dieser**, **diese**, **dieses** / **jener**, **jene**, **jenes** kann man auf etwas zeigen oder hinweisen, z. B.:
Sie mochte **dieses** Lied, weil es sie an **jenen** Tag erinnerte.

Übungen S. 64–65, 67

Präpositionen

Präpositionen (Verhältniswörter) geben ein Verhältnis an, z. B. ein örtliches (Wo? Wohin?). oder ein zeitliches (Wann?). **Nach Präpositionen** stehen Wörter und Wortgruppen in einem bestimmten **Fall**.

Nach den Präpositionen **mit**, **nach**, **bei**, **von**, **zu** und **aus** stehen Wörter und Wortgruppen im **Dativ**:
Ich fahre **mit dem Fahrrad**.

Nach den Präpositionen **durch**, **für**, **ohne** und **gegen** stehen Wörter und Wortgruppen im **Akkusativ**:
Ich fahre **durch den Wald**.

Nach den Präpositionen **während**, **trotz** und **wegen** stehen Wörter und Wortgruppen im **Genitiv**:
Wegen des Gepäcks musste er den Bus nehmen.

Manchmal können Präpositionen mit dem Artikel verschmelzen:
an dem Nachmittag ⟶ **an** + **dem** = **am** Nachmittag

Übungen S. 76–79

Adverbien

Adverbien (Umstandswörter) machen genaue Angaben zu einem Geschehen.
Adverbien des Ortes drücken aus, wo etwas geschieht, z. B. **draußen**.
Adverbien der Zeit drücken aus, wann etwas geschieht, z. B. **immer**.
Adverbien der Art und Weise drücken aus, wie etwas geschieht, z. B. **gern**.
Adverbien des Grundes drücken aus, warum etwas geschieht, z. B. **deshalb**.
Tim mag frische Luft. Er spielt **deshalb immer gern draußen**.

Übungen S. 66–67

Verben

Verben im Präsens verwendest du, um auszudrücken,
- **was man regelmäßig tut**: Sie spielt jeden Tag mit ihrer Katze.
- **was man jetzt tut**: Sie spielt jetzt gerade mit ihrer Katze.

Bei vielen Verben bleibt im Präsens der Verbstamm gleich. Es verändern sich nur die Endungen. Sie richten sich nach der Person.
Trennbare Verben können im Satz auseinanderstehen: einkaufen – im Satz: Er kauft Futter ein.

Übungen S. 68, 75

Verben im Präteritum verwendest du meist, wenn du **schriftlich über etwas berichtest oder erzählst**, was schon vergangen ist:
Man **nutzte** die Kartoffelpflanze zunächst als Zierpflanze.

Übungen S. 70, 75

Verben im Perfekt verwendest du meist, wenn du etwas **mündlich erzählst**, was schon vergangen ist.
Viele Verben bilden das Perfekt mit **haben**: Sie hat gebacken.
Viele Verben bilden das Perfekt mit **sein**: Wir sind gelaufen.

Übungen S. 69, 75

Das Plusquamperfekt verwendest du, wenn du ausdrücken willst, dass etwas vor einem zurückliegenden Ereignis geschah:
John Maynard war gestorben, nachdem er die Passagiere **gerettet hatte**.

Übungen S. 71, 75

Das Futur verwendest du, wenn du über Dinge sprichst, die in der **Zukunft** liegen, also noch nicht geschehen sind: Heute Abend **werde** ich ins Kino **gehen**.

Übungen S. 68, 75

Verben im Passiv: Das **Passiv** beschreibt, wenn etwas mit einer Person oder einem Gegenstand getan wird. Die Tätigkeit ist wichtig, nicht wer sie ausführt.
Das Fahrrad **wird zurückgegeben**.

Übungen S. 24–27, 74–75

Verben im Konjunktiv: Wenn du wiedergeben möchtest, was jemand gesagt hat, verwendest du die **indirekte Rede** mit dem **Konjunktiv I**. Außerdem kannst du mit dem **Konjunktiv I** ausdrücken, dass eine Information unsicher ist: Er sagt, er **laufe** jeden Morgen zehn Kilometer.

Übungen S. 16, 20, 38–39, 72–73, 75

Satzglieder und Attribute

Das Subjekt kann eine Person oder eine Sache sein. Mit **Wer?** oder **Was?** fragst du nach dem Subjekt:
Sabine hat Geburtstag. – Wer hat Geburtstag? – Sabine.

Das Prädikat sagt etwas darüber aus, was jemand tut oder was geschieht.
Mit **Was tut ...?** fragst du nach dem Prädikat. Eric **schenkt** ihr ein Buch. Eric **hat** ihr ein Buch **geschenkt**.

Objekte
Mit **Wen?** oder **Was?** fragst du nach dem **Akkusativobjekt**.
Sabine bringt den Gast zur Tür. – Wen bringt Sabine zur Tür? – Den Gast.
Mit **Wem?** fragt man nach dem **Dativobjekt**.
Sarah gratuliert dem Geburtstagskind. – Wem gratuliert Sarah? – Dem Geburtstagskind.

Adverbiale Bestimmungen
Nach der **adverbialen Bestimmung der Zeit** fragst du mit **Wann?**
Der Spion kam um zehn Uhr. – Wann kam der Spion? – Um zehn Uhr.
Nach der **adverbialen Bestimmung des Ortes** fragst du mit **Wo?**, **Woher?**, **Wohin?**
Er traf den Mann am Bahnhof. – Wo traf er den Mann? – Am Bahnhof.
Nach der **adverbialen Bestimmung der Art und Weise** fragt man mit **Wie?**
Der Teig war kräftig geknetet. – Wie wird der Teig geknetet? – kräftig.
Nach der **adverbialen Bestimmung des Grundes** fragt man mit **Warum?** oder **Weswegen?**
Wegen einer Erkältung durfte Kevin nicht schwimmen. – Weshalb durfte Kevin nicht schwimmen? – Wegen einer Erkältung.

Genitivattribute stehen **hinter** einem Nomen und geben **zusätzliche Informationen** zu dem Nomen.
Sie antworten auf die Frage: **Wessen?**
Das Handy meines Bruders ist kaputt. – Wessen Handy ist kaputt? – Das Handy meines Bruders.

Adjektivische Attribute stehen vor dem Nomen. Sie antworten auf die Fragen: **Welche?/Welcher?/Welches?**
Heute kommt meine beste Freundin. – Welche Freundin kommt? – Meine beste Freundin.

Übungen S. 82–85

Mehr **Wissenswertes auf einen Blick** findest du vorne im Heft und in den Klappen.

Doppel-Klick 7 Differenzierende Ausgabe

Das Arbeitsheft Plus

Lösungen

Seite 4

1 *Diese Sätze könntest du geschrieben haben:*
1. Das erste Bild zeigt das Solartaxi.
2. Auf dem zweiten Bild ist der Gotthardpass in der Schweiz zu sehen.
3. Bei dem dritten Bild handelt es sich um einen Kartenausschnitt der Schweiz.

2 **b.** *So könntest du die Frage beantwortet haben:*
Ich vermute, dass in dem Text beschrieben wird, wie jemand mit einem Solartaxi um die Welt reist, da der Titel „Weltreise mit dem Solartaxi" heißt.

Seite 6

5 + **10**
Diese Überschriften und Schlüsselwörter könntest du gefunden haben:
1. Absatz: Louis Palmers Idee
2. Absatz: 50 000 Kilometer mit Sonnenstrom
3. Absatz: Die Welt bereisen, ohne sie zu zerstören
- 14 Jahre alt, solarbetriebenen Fahrzeug, um die Erde fahren, Traum nie aufgegeben, Welt bereisen, ohne, zerstöre

4. Absatz: Eine Vision wird Wirklichkeit
- rund 20 Jahre, Team von fast 200 Helfern, Pionierarbeit, eigens dafür konstruierten Anhänger, Anforderungen: leicht sein, robust sein, Teil Energie selbst produzieren, ausschauen wie einigermaßen normales Auto

5. Absatz: Probleme und Schwierigkeiten
- Testfahrt, kein Traumauto, Elektronik, verstellen, fährt wie 'ne Rakete

6. Absatz: Erste längere Fahrten
- testen, Alpenpässe, 16 000 Höhenmeter, Hitze, Barcelona, 3 000 km ohne Schraube nachziehen

7. Absatz: Leistung des Solartaxis
- Anhänger, produziert Strom, Solarenergiehaus tanken, 400 km täglich

8. Absatz: Ein Beispiel soll Schule machen
- viele Menschen überzeugen, in Zukunft viele mit Sonnenstrom fahren

6 *Diese Erklärungen könntest du gefunden haben:*
die Vision – eine Idee oder Vorstellung
realisieren – durchführen, verwirklichen
die Pionierarbeit – etwas tun oder leisten, was vorher noch nie jemand getan hat
konstruiert – hergestellt, entwickelt
robust – haltbar, stabil, unempfindlich
die Reaktionen – alle Handlungen, die durch eine andere Handlung ausgelöst werden

7 *So könnte deine Erklärung lauten:*
Ein Alpenpass ist eine Passstraße, die über die Alpen führt.

Z **8** *So könnte deine Antwort lauten:*
In den Alpen wollte Palmer testen, wie gut das Auto in den Bergen fährt.

Z **9** **b.** *So könntest du den Weg beschrieben haben:*
Wenn man von Luzern nach Locarno fahren will, kann man den Weg über den Gotthardpass nutzen. Der Weg beginnt in **Luzern** am **Vierwaldstätter See**. Man kann den See auf dem Weg westlich oder östlich umfahren. Im Westen fährt man über Stans und Beckenried – im Osten über Küssnacht, Schwyz, Brunnen und Sisikon. Beide Wege führen nach **Altdorf**. Von Altdorf geht es die **Reuss** (einen Fluss) entlang. Über Erstfeld, Amsteg, Wassen, Göschenen und Andermatt erreicht man den **Gotthardpass**. Nach dem Pass erreicht man **Airolo** und fährt dann entlang dem Fluss Ticino über die Orte Piotta, Quinto, Faido, Chironico, Giornico, **Biasca**, Osogna, **Bellinzona** und Gordola nach **Locarno** am **Lago Maggiore**.
Du kannst auch mehr und andere Orte genannt haben. In deiner Lösung sollten aber auf jeden Fall die fettgedruckten Namen vorkommen.

c. Der Gotthardpass wird heute durch den Gotthardtunnel ersetzt.

10 *Die Lösung findest du unter Aufgabe 5.*

Seite 7

11 *So könntest du die Fragen beantwortet haben:*
a. Palmer stellt diese Anforderungen an sein Solarauto: Es soll leicht und robust sein, einen Teil der benötigten Energie selbst produzieren und in etwa so aussehen wie ein normales Auto.
b. Palmer möchte viele Leute einladen, in seinem Auto wie in einem Taxi mitzufahren.
c. Palmer beschreibt die Reaktionen der Menschen, die er traf, als „sensationell" und „genial". Sie haben sich für sein Auto interessiert und waren begeistert, weil es umweltfreundlich ist.

13 *So könnte deine Textzusammenfassung aussehen:*
Die Reportage „Weltreise mit dem Solartaxi" von Scarlet Löhrke handelt von dem Schweizer Louis Palmer, der mit seinem Solarmobil um die Welt reisen will. Er möchte dabei fast keinen CO_2-Ausstoß produzieren.
Mit der Reise erfüllt sich Palmer seinen Kindheitstraum. 50 000 Kilometer möchte er zurücklegen und 50 Länder durchfahren. Er will zeigen, dass das Autofahren mit Sonnenstrom heute schon möglich ist.
Schon als Kind träumt Palmer davon, mit einem solarbetriebenen Fahrzeug um die Erde zu reisen. Er fertigt Modelle und Zeichnungen an und träumt seinen Traum immer weiter.
Fast 20 Jahre später ist es Palmer gelungen, zusammen mit fast 200 Mitarbeitern ein Solarauto zu entwickeln, das sehr leicht und robust ist, einen großen Teil des benötigten Stroms selbst produziert und in etwa so aussieht wie ein normales Auto.
Bei der ersten Testfahrt kommt es zu Schwierigkeiten. Es muss aber nur die Elektronik verstellt werden, damit das Solarauto wieder schnell fährt. Bei der ersten längeren Testfahrt fährt Palmer auf Alpenpässen insgesamt 16 000 Höhenmeter.

zu Seite 7

Er testet so, ob das Auto auch in den Bergen gut fährt.
Um herauszufinden, ob das Auto auch Hitze vertragen kann, fährt er damit nach Barcelona.
Das Solarauto kann 400 km täglich fahren. Es produziert einen Teil des verbrauchten Stroms mit den Solarzellen in dem Anhänger.
Wenn der Strom nicht reicht, kann man das Auto an einem Solarenergiehaus betanken.
Palmer will nun auf Weltreise gehen und dabei viele Leute einladen, in seinem Auto wie in einem Taxi mitzufahren. Er möchte sie davon überzeugen, in Zukunft die Sonnenenergie mehr zu nutzen. Bei Testfahrten in Spanien und Frankreich haben viele Menschen positiv reagiert.

1 *So hast du die Prozentzahlen sicherlich eingetragen:*
sonstige Staaten: 8,8 %; USA: 6,6 %; Japan: 6,7 %; Europäische Union: 77,9 %; davon Deutschland: 3 800 MW = 52,7 %

2 Auf Platz 3 liegen mit 6,6 % die USA. Dann folgt Japan mit 6,7 %. Die größte Leistung, nämlich 77,9 %, wurde in der Europäischen Union installiert.

3 *Diesen Text könntest du geschrieben haben:*
Stromerzeugung aus Solarenergie weltweit
Die Grafik mit dem Titel „Leistung neu installierter Fotovoltaik-Anlagen in Megawatt" ist ein Kreisdiagramm. Insgesamt wurden im Jahr 2009 Fotovoltaik-Anlagen mit einer Leistung von 7 200 MW installiert. In der Europäischen Union wurde mit 77,9 % die größte Leistung installiert. Von den 5 618 MW Leistung der Europäischen Union wurden 52,7 % oder 3 800 MW in Deutschland installiert.
An zweiter Stelle steht Japan mit 6,7 %, dicht gefolgt von den USA mit 6,6 %. In allen weiteren Staaten wurden zusammen 8,8 % der Leistung installiert.

Seite 8

1 *Diese Aufforderungsverben solltest du markiert haben:*
nimm Stellung, kreuze an, entscheide dich, führe an, verwende, ordne, führe an

2 A – richtig; B – falsch; C – falsch; D – richtig; E – falsch; F – richtig; G – falsch; H – richtig; I – richtig; J – richtig; K – richtig; L – falsch; M – richtig

3 Zuerst kreuze ich an, welche Argumente aus der Liste für und welche gegen Veras Aussage sprechen. Dann entscheide ich mich für einen Standpunkt. Anschließend führe ich drei Argumente an, die meine Aussage stützen. Dabei verwende ich mindestens ein Argument aus der Liste. Danach ordne ich meine Argumente. Ich führe das stärkste Argument am Schluss an.

Seite 9

4 **a.** entscheide dich, entkräfte, führe an, veranschauliche, führe an

b. Ein Gegenargument nennen und begründen, warum es nicht überzeugend ist.

5 A – falsch; B – falsch; C – richtig; D – richtig; E – falsch; F – richtig; G – richtig; H – richtig

6 Zuerst entscheide ich mich für einen Standpunkt. Danach nenne ich ein Argument der Gegenmeinung und begründe, warum es nicht überzeugend ist. Anschließend führe ich drei Argumente an, die meine Meinung stützen. Meine Argumente veranschauliche ich mit Beispielen. Mein stärkstes Argument führe ich am Schluss an.

7 Für die Aufgabe der Klasse 7 a muss ich zuerst ankreuzen, welche der Argumente aus der Liste für und welche gegen Veras Aussage sprechen. Für die Aufgabe der 7 a verwende ich mindestens ein Argument aus der Liste. Für die Aufgabe der 7 b nenne ich ein Gegenargument und begründe, warum es nicht überzeugend ist. Außerdem veranschauliche ich für die Aufgabe der 7 b meine Argumente mit Beispielen.

Z 8 **a.** *Die Behauptungen sind hier markiert, Begründungen unterstrichen und Beispiele doppelt unterstrichen.*
A Einige Leute behaupten, Sonnenkollektoren würden das Landschaftsbild zerstören. Dagegen spricht, dass Sonnenkollektoren meist auf Gebäuden installiert werden.
B Die stärkere Nutzung von Solarzellen in Autos wird die Umwelt in Zukunft stark entlasten, weil Solarautos ohne Abgase fahren. Ein Beispiel hierfür ist das Solartaxi von Louis Palmer.

b. Marc hat mit seinen Argumenten die Behauptungen begründet. Er hat auch ein Beispiel angeführt und damit ein Argument gestützt. Eine Behauptung der Gegenmeinung hat er entkräftet, indem er begründet hat, warum ein Gegenargument nicht überzeugend ist.

Seite 12

2 **c.** Ich lese zuerst den Text genau. Dann schreibe ich eine Zusammenfassung. Dabei nenne ich im ersten Teil den Titel, den Autor, das Thema und die Textsorte. Danach gebe ich die wichtigsten Informationen in wenigen Sätzen und in eigenen Worten wieder. Die Zusammenfassung schreibe ich im Präsens. Wenn Geschehnisse vor anderen stattgefunden haben, verwende ich das Perfekt. Ich vermeide die wörtliche Rede oder ersetze sie durch indirekte Rede.

3 1 – Goethes Schwimmerlebnis; 2 – Baden und Schwimmen als Sünde; 3 – Schwimmen in der Steinzeit; 4 – Wasser im alten Griechenland; 5 – Baden und Schwimmen im alten Rom; 6 – Schwimmhilfen früher und heute; 7 – Eine Welle der Wasserfreude; 8 – Schwimmen lernen heute

4 die Insel Lefkada: eine griechische Insel im Mittelmeer, eine der Ionischen Inseln; der Legionär: ein Soldat einer römischen Heereseinheit, der Legion; der Kork: Rinde der Korkeiche, schwimmt auf dem Wasser; die DLRG: Deutsche Lebens-Rettungs-Gesellschaft, eine Wasserrettungsorganisation

Seite 13

5 *Diese Stichworte könntest du gefunden haben:*
1. Bild: lesen beim Schwimmen, Totes Meer, Wasser, salzhaltig, trägt Menschen von allein
2. Bild: vor 100 Jahren, Frauen, ins Wasser fahren, Badekarren
3. Bild: tiefe Wasser, nur Schwimmer, Nichtschwimmer riskieren ihr Leben

6 **b.** 1. Bild: Das Bild und seine Unterschrift geben zusätzliche Informationen.
2. Bild: Das Bild und seine Unterschrift geben zusätzliche Informationen.
3. Bild: Das Bild gibt keine zusätzlichen Informationen, die Bildunterschrift schon.

Z 7 **b.** *So solltest du die geschichtlichen Angaben aus dem Text in den Zeitstrahl eingeordnet haben:*
ca. 2,6 Mio. bis 7000 v. Chr.: Steinzeitmenschen;
ca. 1000 v. Chr. bis 146 v. Chr.: die alten Griechen;
ca. 750 v. Chr. bis 476 n. Chr.: die alten Römer;
ca. 600 bis 1500 n. Chr.: Mittelalter;
ca. 1770: Sommer 1775;
ca. 1800: Ende des 18. Jahrhunderts;
nach 2000: heute

Z 8

Zeitangaben aus dem Text (Absatz)	Angaben zum Schwimmen oder zur Bedeutung des Wassers
Steinzeitmenschen, vor 10 000 Jahren (3. Absatz)	tummeln sich wie Robben im Wasser, Hundepaddeln, sich bei Gefahr ans Ufer retten
die alten Griechen, vor ca. 3000–2000 Jahren (4. Absatz)	magische Eigenschaften, Sprung ins Meer gegen Herzschmerz
die alten Römer, vor ca. 2750–1500 Jahren (5. Absatz)	über 800 Badeanstalten in Rom, Legionäre lernten in der Armee schwimmen
Mittelalter, vor ca. 1000-500 Jahren (2. Absatz)	in Natur baden war Sünde, Menschen sollten nicht schwimmen lernen, weil Gott sie retten würde
1775 (1. Absatz)	Goethe schwimmt im Bergsee
Ende des 18. Jahrhunderts (7. Absatz)	Schwimmen wird Mode, erste Schwimmvereine in Großbritannien, Seebäder an Nord- und Ostsee
heute (8. Absatz)	jedes fünfte Kind kann nicht schwimmen, Ferienschwimmkurse

Seite 14

1 Bergsee, kopfüber in die Fluten, Dichter Johann Wolfgang von Goethe, Sommer 1775, kühle Nass, Stein, Angreifer

2 *Die markierten Wörter sind gleichzeitig die Schlüsselwörter von Absatz 2.*
Das Baden in freier Natur wird zu dieser Zeit noch als eine Sünde angesehen. Gewässer gelten als Teufelszeug. Dieser Aberglaube ist bereits im Mittelalter verbreitet. Priester predigen, dass die Menschen nicht schwimmen lernen müssen, da Gott sie im Notfall über Wasser halte. Durch diesen Irrglauben kommen viele Fischer und Seeleute ums Leben.

3 *Diese Wörter solltest du nicht gestrichen haben. Sie sind die Schlüsselwörter von Absatz 3.*
Nichtschwimmer, Steinzeitmenschen, wie Robben im Wasser, Schwimmtechnik, von den Tieren abgeguckt, Hundepaddeln, genügte, um sich ans andere Ufer zu retten

4 *Diese Fragen könntest du gefunden haben. Die markierten Wörter in den Antworten sind die Schlüsselwörter von Absatz 4.*
Wann hatte das Wasser magische Eigenschaften? Bei den alten Griechen. Wo stürzten sich unglücklich Verliebte ins Meer? Auf der Insel Lefkada. Wer stürzte sich ins Meer? Unglücklich Verliebte. Warum stürzten sie sich ins Meer? Als Mittel gegen Herzschmerz. Was passierte einigen Waghalsigen? Der Sprung kostete sie das Leben.

Seite 15

5 *Diese Fragen und Schlüsselwörter als Antworten könntest du gefunden haben:*
Wer hat vermutlich bloß gelacht? die Römer; Was gab es in Rom? über 800 Badeanstalten; Was konnten die meisten Badegäste? schwimmen; Wo haben sie schwimmen gelernt? in der Armee.

6 **a.** Römerzeit, heutige Zeit, Goethes Lebzeiten

b. Hilfsmittel, Schwimmring, das römische Modell, Schaumstoffnudeln, Schwimmbretter, Korkring

c. Hilfsmittel, Schwimmring, Kork, Schaumstoffnudel, Schwimmbretter, heute, selbstgebauten Korkring, Goethe

7 **a.** a) Goethe wurde für Tausende Deutsche zum Vorbild.
b) Eine Welle der Wasserfreude schwappte nach Europa.
c) Viele Schwimmvereine wurden in Großbritannien gegründet.
d) Seebäder entstanden an der Nord- und Ostsee aus Fischerdörfern.

b. Tausende Deutsche, zum Vorbild, Welle der Wasserfreude, Europa, Ende des 18. Jahrhunderts, Schwimmvereine in Großbritannien, Seebäder an Nord- und Ostsee

8 **b.** heute, jedes fünfte Kind, in Deutschland, kann nicht schwimmen, Ferienschwimmkurse

Seite 16

Die falschen Zeitformen wurden in den folgenden zwei Aufgaben durchgestrichen und die richtigen Zeitformen ergänzt und markiert.

10 Das Baden in freier Natur ~~wurde~~ wird zu Goethes Zeit noch als Sünde angesehen. Gewässer ~~galten~~ gelten als Teufelszeug. Dieser Aberglaube ~~war~~ ist bereits im Mittelalter verbreitet. Priester ~~predigten~~ predigen, dass die Menschen nicht schwimmen lernen müssen, da Gott sie im Notfall über Wasser halte. Durch diesen Irrglauben ~~kamen~~ kommen viele Seeleute ums Leben.

11 Viele Völker ~~waren~~ sind zu dieser Zeit Nichtschwimmer. Aber bereits die Steinzeitmenschen ~~tummelten~~ tummeln sich wie die Robben im Wasser.) Die Schwimmtechnik des „Hundepaddelns" ~~schauten~~ schauen sie sich von den Tieren ab.

12 **a.** Ein Schwimmmeister weist besorgt darauf hin: „Jedes fünfte Kind in Deutschland kann nicht schwimmen." Der Schwimmmeister fragt: „Wie wäre es mit einem Ferienschwimmkurs? Denn dort verliert man seine Angst vor dem Wasser."

b. Ein Schwimmmeister weist besorgt darauf hin, jedes fünfte Kind in Deutschland könne nicht schwimmen. Der Schwimmmeister fragt, wie es mit einem Ferienschwimmkurs wäre, denn dort verliere man die Angst vor dem Wasser.

zu Seite 16

13 + **14**

So könnte deine Zusammenfassung aussehen:

Zusammenfassung des Zeitschriftentextes „Zug um Zug“

Der Sachtext stammt aus der Zeitschrift GEOlino Nr. 8, 2007 und die Überschrift lautet: „Zug um Zug: Wie die Menschen schwimmen lernten.“ Die Autorin ist Sina Löschke. In dem Zeitschriftentext beschreibt sie, wie Menschen früher schwimmen lernten und wie sie es heute tun.

Der Text berichtet zuerst von dem Dichter Johann Wolfgang von Goethe, der im Sommer 1775 mit seinen Reisebegleitern in einem Schweizer Bergsee nackt badet. Dabei bewerfen unbekannte Angreifer die Männer mit Steinen.

Das Baden in freier Natur wird zu Goethes Zeit noch als Sünde angesehen. Gewässer gelten als Teufelszeug. Dieser Aberglaube ist seit dem Mittelalter weit verbreitet und die Priester predigen, dass die Menschen nicht schwimmen lernen müssen, da Gott sie im Notfall über Wasser halte.

Durch diesen Irrglauben kommen viele Seeleute ums Leben. Viele Menschen sind zu dieser Zeit Nichtschwimmer. Das ist merkwürdig, weil bereits die Steinzeitmenschen schwimmen. Ihre Schwimmtechnik, das Hundepaddeln, haben sie sich von den Tieren abgeschaut. Sie können sich damit bei Gefahr ans andere Ufer retten.

Die alten Griechen glauben, dass das Wasser magische Eigenschaften hat. Auf der Insel Lefkada stürzen sich unglücklich Verliebte von einer Klippe ins Meer. Das soll gegen Herzschmerz helfen.

Die Römer vergnügen sich lieber in Badeanstalten. Davon gibt es 800 in Rom. Außerdem lernt jeder Legionär in der Armee das Schwimmen.

Hilfsmittel beim Schwimmenlernen ist bereits in der Römerzeit der Schwimmring aus Kork. Er funktioniert so gut wie die modernen Schwimmbretter oder Schaumstoffnudeln heute. Auch Goethe lernt das Schwimmen mit einem selbstgebauten Korkring.

Ende des 18. Jahrhunderts nehmen sich Tausende Deutsche Goethe zum Vorbild und gehen schwimmen. In Großbritannien werden die ersten Schwimmvereine gegründet und an der Nord- und Ostsee entstehen Seebäder.

Heute machen sich Bademeister Sorgen, weil jedes fünfte Kind in Deutschland nicht schwimmen kann. Sie raten deshalb zu Ferienschwimmkursen.

Seite 17

1 2007, Sina Löschke

2 **a.** *Diese Sätze solltest du durchgestrichen haben:*
Ferien, Sommersonne, die Gipfel der Alpen vor der Nase und dazu ein kristallklarer Bergsee: [...]. Viele Fischer und Seeleute bezahlten diesen Irrglauben mit dem Leben.

b. *So könntest du den Satz umformuliert haben:*
Durch diesen Irrglauben sind viele Fischer und Seeleute im Meer ertrunken.

3 *Diese Fehler und die richtigen Angaben solltest du gefunden haben:*
Sommer 1776 – Sommer 1775; in einem deutschen Bergsee – in einem Schweizer Bergsee; Verteidiger – Angreifer

4 *Diese Plusquamperfektformen solltest du so ersetzt haben:*
hatten beworfen – bewerfen;
war angesehen worden – wird angesehen;
hatten gegolten – gelten;
war verbreitet gewesen – ist verbreitet;
hatten gepredigt – predigen;
waren gewesen – sind

5 **b.** *So hast du die Rechtschreibfehler sicher berichtigt:*
Nichtschwimmer, Wasser, Robben, Schwimmtechnik, Hundepaddelns

c. Bei den Fehlern hilft dir die Rechtschreibhilfe „Gliedern“.

Seite 18

1

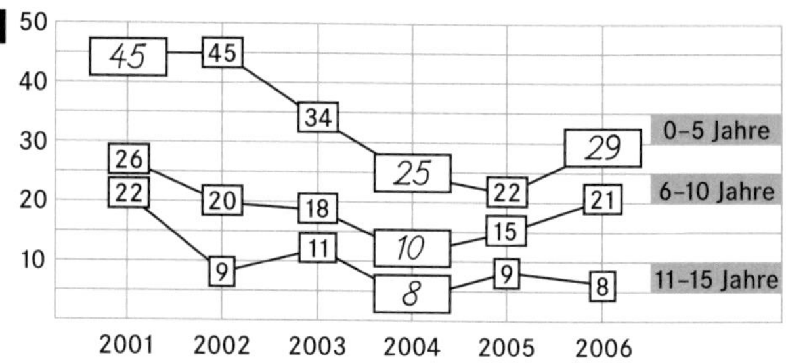

2 Aus den Zahlen der Grafik kann man ablesen, wie viele Kinder im Alter bis 15 Jahre zwischen 2001 und 2006 in Deutschland ertrunken sind.

3 Es handelt sich bei der Grafik um ein Kurvendiagramm.

4 Im Jahr 2004 sind zum Glück nur 43 Kinder ertrunken.

5 **b.** *Bestimmt hast du 40 % angekreuzt. Im Jahr 2001 gab es 93 Todesopfer, im Jahr 2006 waren es 58. Anteilig gibt es im Jahr 2006 im Vergleich zu 2001 nur 62 % Todesopfer. Die Zahl der Todesopfer ist daher um ungefähr 40 % gesunken.*

6 29 ertrunkene Kinder im Jahr 2006 sind zwar 11 weniger als im Jahr 2001, aber es ist beunruhigend, dass die Zahl der ertrunkenen Kinder in diesen Altersgruppen seit dem Jahr 2005 wieder angestiegen ist.

7 *Bestimmt hast du Deutsche-Lebens-Rettungs-Gesellschaft angekreuzt.*

Seite 19

1 **b.** Ich soll einen Informationstext über die Ferienschwimmkurse der DLRG schreiben.

2 Hilfsmittel zum Schwimmen; Schwimmen heute

3 Die Inhalte der Absätze 2 und 4 kann ich ganz weglassen.

4 + **6**

So könnten deine Überschrift und deine Einleitung aussehen:

Wie ein Fisch im Wasser: Mehr Sicherheit mit den Schwimmkursen der DLRG

Es ist leider eine Tatsache, dass seit dem Jahr 2005 die Zahl der ertrunkenen Kinder wieder gestiegen ist. Eine der Ursachen dafür ist, dass jedes fünfte Kind in Deutschland nicht schwimmen kann.

5 *In deinem Informationstext solltest du Johann Wolfgang von Goethe als Vorbild für die Schwimmbegeisterung genannt haben.*

7 **Bild 1:** Auf Höhlenzeichnungen kann man erkennen, dass Menschen schon in der Steinzeit geschwommen sind.
Bild 2: Durch Schwimmkurse können Unfälle im Wasser verhindert werden.
Bild 3: Schwimmen lernen macht Spaß.

Seite 21 – Das kann ich!

1 Es handelt sich bei der Grafik um ein Säulendiagramm.

2 In der Grafik geht es darum, wo die befragten Personen das Schwimmen gelernt haben.

3 a) 18 % b) 40 % c) 44 % d) 15 % e) 33 %

4 Schwimmen lernt man am besten in einem Schwimmkurs.

5 *So könnte deine Zusammenfassung aussehen:*
Zusammenfassung des Textes „Im Winter fit machen für die nächste Badesaison!"
Der Zeitungsartikel über Schwimmkurse der DLRG stammt aus dem Jahr 2009 und wurde von Martin Janssen geschrieben. Der Text erklärt, warum schwimmen lernen so wichtig ist. Sicher schwimmen zu können sei das beste Mittel, den Ertrinkungsfällen bei Kindern vorzubeugen, sagt DLRG-Präsident Dr. Klaus Wilkens. Aus diesem Grund bietet die DLRG im ganzen Land Schwimmkurse an. Im Jahr 2008 haben über 250 000 Kinder, Jugendliche und Erwachsene bei der DLRG das Schwimmen und Rettungsschwimmen gelernt. Die meisten Kurse finden im Winter statt, weil man dann besser für die Badesaison vorbereitet ist.
Das Schwimmen können Kinder schon ab etwa fünf Jahren bei der DLRG lernen. 30 000 Kinder machen jedes Jahr eine Anfängerschwimmausbildung und erhalten anschließend das „Seepferdchen". Das Jugendschwimmzeichen können die Kinder auch in der Schule ablegen. Die Grafik zeigt jedoch, dass 44 % der Könner das Schwimmen in einem Kurs gelernt haben und nicht in der Schule.

6 bis **9**
Die ergänzten Angaben sind markiert. Fehler und falsche Präteritumformen sind durchgestrichen.
„Zug um Zug: Wie die Menschen schwimmen lernten"
Der Zeitschriftentext von Sina Löschke stammt aus der Zeitschrift GEOlino, Nr. 8, 2007.
Der Dichter Johann Wolfgang von Goethe ~~badete~~ badet im ~~Herbst~~ Sommer 1775 nackt mit seinen Reisebegleitern in einem Schweizer ~~Freibad~~ Bergsee. Dabei ~~bewarfen~~ bewerfen unbekannte Angreifer die Männer mit Steinen. Das Baden in freier Natur ~~wurde~~ wird zu dieser Zeit noch als eine Sünde angesehen. Gewässer ~~galten~~ gelten als Teufelszeug. Dieser Aberglaube ~~war~~ ist im Mittelalter weit verbreitet. Priester ~~predigten~~ predigen, dass die Menschen nicht schwimmen lernen müssen, da Gott sie im Notfall über Wasser halte. Durch diesen Irrglauben ~~kamen~~ kommen viele Fischer und Seeleute ums Leben.

Das kann ich! – Auswertung	
69–95 Punkte:	Du hast schon viel gelernt. Weiter so!
42–68 Punkte:	Du kannst es sicher noch besser. Übe weiter.
0–41 Punkte:	Arbeite die Seiten 10 bis 19 noch einmal durch.

Seite 22

1 **b.** Zuerst nenne ich in einem Satz das Ziel des Versuchs. Danach beschreibe ich genau die Materialien, den Versuchsaufbau und die Beobachtungen bei der Durchführung des Versuchs. Anschließend formuliere ich das Ergebnis des Versuchs und erkläre es. Am Schluss überarbeite ich die Beschreibung mithilfe der Checkliste.

Seite 23

2 **Wasserreinigung mit Sonnenkraft**
Mit dem Versuch untersucht man, ob man Wasser mit Sonnenenergie reinigen kann.

3 Für den Versuch benötigt man eine große Glasschüssel, ein kleines Wasserglas, zwei Thermometer, zwei Saughaken, Frischhaltefolie, einen kleinen Kieselstein, Wasser sowie viel Salz und Pfeffer.

4 Zuerst füllt man in die Glasschüssel etwas Wasser und streut viel Salz und Pfeffer hinein. Dann mischt man die Flüssigkeit. Danach stellt man ein kleines Wasserglas in die Mitte der Schüssel und befestigt ein Thermometer mit Saughaken am inneren Schüsselrand. Anschließend breitet man die Folie über der Schüssel aus und drückt sie an den Rändern der Schüssel fest. Die Folie muss dabei locker über die Schüssel gelegt werden. Den Kieselstein legt man nun auf die Folie, direkt über das Wasserglas. Die Folie hängt an dieser Stelle jetzt ein wenig durch. Zum Schluss legt man das zweite Thermometer neben die Schüssel.

5 Nach kurzer Zeit erkennt man auf den beiden Thermometern, dass die Temperatur in der Schüssel höher ist als außerhalb der Schüssel. Etwas später sieht man, dass die Frischhaltefolie von innen beschlägt und sich Wassertropfen an ihrer Unterseite bilden. Man kann beobachten, dass die Wassertropfen in der Mitte unter dem Kieselstein zusammenlaufen und in das Wasserglas fallen. Nach einigen Stunden hat sich so viel sauberes Wasser in dem Wasserglas gesammelt, dass man einen Schluck trinken kann.

6 Der Versuch zeigt, dass man mit Sonnenenergie aus ungenießbarem Wasser sauberes Trinkwasser herstellen kann.

7 Die Sonnenenergie erwärmt das *Wasser* in der abgedeckten *Schüssel*, sodass es *verdunstet*. Die Wasserteilchen können nicht aus der Schüssel *entweichen*. Weil die Außentemperatur *niedriger* ist als die Temperatur unter der *Folie*, kondensieren die *Wasserteilchen* an der Folie zu *Wassertropfen*. Diese sammeln sich unter dem Kieselstein und *fallen* in das daruntergestellte *Wasserglas*.

8 *Für die vollständige Versuchsbeschreibung kannst du deine Sätze aus den Aufgaben 2 bis 7 verwenden.*

Z 9 Der Begriff „Kondensation" bezeichnet einen Vorgang, bei dem sich aus Wasserdampf durch Abkühlung an einer kalten Fläche oder an einer kalten Luftschicht Wassertropfen bilden.

Seite 24

1 *Hinter den durchgestrichenen Ich- oder man-Formen findest du die richtigen Passivformen.*
Überschrift: **Kann Wasser mit Sonnenenergie gereinigt werden?**
Einleitung: Mit dem Versuch ~~untersucht man~~ *wird untersucht*, ob Wasser mit Sonnenenergie gereinigt werden kann.
Materialien: Für den Versuch werden diese Materialien benötigt: Wasser, eine große Glasschüssel, Salz, Pfeffer, Frischhaltefolie, ein kleiner Kieselstein, ein kleines Wasserglas, zwei Thermometer und zwei Saughaken.
Versuchsaufbau: Zuerst ~~füllt man~~ *wird* in die Glasschüssel etwas Wasser *gefüllt* und ~~streut~~ viel Salz und Pfeffer ~~hinein~~ *hineingestreut*. Dann ~~mische ich~~ *wird* die Flüssigkeit *gemischt*. Danach ~~stelle ich~~ *wird* ein kleines Wasserglas in die Mitte *gestellt* und ~~befestige~~ ein Thermometer mit Saughaken innen am Schüsselrand *befestigt*. Nun wird die Schüssel mit einer leicht durchhängenden Frischhaltefolie abgedeckt und ~~ich lege~~ in die Mitte genau über dem Wasserglas *wird* ein kleiner Kieselstein *gelegt*. Dann ~~stelle ich~~ *wird* der Versuchsaufbau in die Sonne *gestellt*. Zum Schluss ~~lege ich~~ *wird* ein zweites Thermometer neben die Schüssel *gelegt*.
Versuch: Nach kurzer Zeit wird auf den beiden Thermometern beobachtet, dass die Temperatur in der Schüssel höher ist als außerhalb der Schüssel. Etwas später wird beobachtet, dass die Folie von innen beschlägt und sich Wassertropfen an ihrer Unterseite bilden. Es ist zu erkennen, dass die Wassertropfen in der Mitte unter dem Kieselstein zusammenlaufen und in das Wasserglas fallen. Nach einigen Stunden hat sich so viel Wasser in dem Wasserglas gesammelt, dass ein Schluck getrunken werden kann.
Ergebnis: Mit dem Versuch ~~zeigt man~~ *wurde gezeigt*, dass mit Sonnenenergie aus ungenießbarem Wasser sauberes Trinkwasser hergestellt werden kann.
Erklärung: Mit Sonnenenergie ~~erwärme ich~~ *wird* das Wasser in der abgedeckten Schüssel *erwärmt*, sodass es verdunstet. Die Wasserteilchen können wegen der Folie nicht aus der Schüssel entweichen. Weil die Außentemperatur niedriger ist als die unter der Folie, kondensieren die Wasserteilchen an der Folie zu Wassertropfen. Diese sammeln sich unter dem Kieselstein und fallen in das Wasserglas.

2 **b.** In Versuchsbeschreibungen wird oft das Passiv verwendet, weil es beschreibt, wenn etwas mit einer Person oder einem Gegenstand getan wird. Die Tätigkeit ist wichtig, aber nicht, wer sie ausführt.

3 **b.** Zuerst ordne ich die Bilder in die richtige Reihenfolge. Anschließend nenne ich das Ziel des Versuchs in einem Satz. Dann beschreibe ich die Materialien, den Versuchsaufbau, die Durchführung des Versuchs und die Beobachtungen genau. Danach formuliere ich das Versuchsergebnis und erkläre es.

Seite 25

4 **a.** *Die Bilder solltest du von links nach rechts und von oben nach unten so nummeriert haben:* 6, 4, 5, 3, 1, 2

b. Die Materialien – *Bild 1*
Der Versuchsaufbau – *Bilder 2, 3, 4*
Der Versuch – *Bild 5*
Das Ergebnis – *Bild 6*

5 *So könntest du den Versuch beschrieben und diese Passivformen markiert haben:*
Wie wird aus Pflanzen Wasser gewonnen?
Mit dem Versuch wird untersucht, wie Wasser aus Pflanzen gewonnen werden kann.
Für den Versuch werden eine Plastikschüssel, ein Spaten, eine durchsichtige Plastikfolie, Backsteine, ein großer Kieselstein, viele Pflanzen und zwei Thermometer benötigt.
Zuerst wird mit dem Spaten ein 30 Zentimeter tiefes und 60 Zentimeter breites Loch gegraben. Danach wird die Schüssel in die Mitte der Grube gestellt und die Pflanzen werden darin verteilt. Auf die Pflanzen wird das Thermometer gelegt. Anschließend wird die Folie über der Grube ausgebreitet und am Rand mit den Backsteinen beschwert. Dann wird der Kieselstein in die Mitte der Folie gelegt. Nun wird das zweite Thermometer neben die Grube gelegt.
Nach kurzer Zeit wird auf den Thermometern abgelesen, dass die Temperatur in der Grube höher ist als die außerhalb. Es wird außerdem beobachtet, dass die Folie von innen beschlägt. Die Wassertropfen laufen in der Mitte unter dem Kieselstein zusammen und fallen in die Schüssel. Nach einiger Zeit hat sich darin Wasser angesammelt, mit dem Pflanzen gegossen werden können.
Mit diesem Versuch wurde gezeigt, wie aus Pflanzen Wasser gewonnen werden kann.
Die Sonnenenergie erwärmt das Wasser in den Pflanzen. Das Wasser verdunstet und steigt als Wasserdampf bis an die Folie. Weil die Temperatur außen niedriger als unter der Folie ist, kondensieren die Wasserteilchen an der Folie zu Wassertropfen. Sie sammeln sich unter dem Kieselstein und tropfen in die Schüssel.

Seite 26

1 *Sicher hast du die Antworten* a) *und* c) *angekreuzt.*

2 *So solltest du die Tabelle ausgefüllt haben:*

	Schritte der Versuchsbeschreibung	**Verben**
5	Das Ergebnis *formulieren* und	*erklären*
4	Die Durchführung	*beschreiben*
3	Die Materialien	*nennen*
1	Die Überschrift	*wählen*
2	*In der Einleitung* die Versuchsfrage	*stellen*

3 **a.** Zuerst legt man sämtliche Materialien auf den Tisch. Dann baut man den Versuch genau nach der Anleitung auf. Nun beobachtet man, was passiert. Am Schluss notiert man das Versuchsergebnis.

b. Zuerst werden sämtliche Materialien auf den Tisch gelegt. Dann wird der Versuch genau nach der Anleitung aufgebaut. Nun wird beobachtet, was passiert. Am Schluss wird das Versuchsergebnis notiert.

4 *So hast du die unvollständigen Sätze der Checkliste sicher ergänzt:*
Habe ich alle *Materialien* vollständig aufgeschrieben?
Habe ich den *Versuchsaufbau* genau und in der richtigen Reihenfolge beschrieben?
Habe ich das *Versuchsergebnis* verständlich erklärt?
Habe ich **abwechslungsreiche** *Satzanfänge* verwendet?
Habe ich die *man-Form* (oder das **Passiv**) verwendet?

Seite 27 – Das kann ich!

1 **b.** etwa ein halber Liter Wasser, ein Glas, ein Löffel

2 Einleitung: Mit diesem Versuch wird festgestellt, ob Wasser entsalzt werden kann.

3 bis **5** **Wie ich Salzwasser genießbar machte**
Für diesen Versuch werden folgende Materialien benötigt: ein Wasserkessel mit Pfeife, ein Handschuh-Topflappen, ein Pfund Salz. Ich füllte etwa einen halben Liter Wasser in einen Kessel. Dann wird viel Salz hinzugefügt. ~~Dann~~ Anschließend probierte ich die Mischung. Sie schmeckt unerträglich salzig. ~~Dann~~ Nun wird der Deckel auf den Wasserkessel gesetzt und das Salzwasser zum Kochen gebracht. ~~Dann~~ Danach streifte ich einen Handschuh-Topflappen über die Hand. Das ist wichtig, weil der Dampf sehr heiß ist. ~~Dann~~ Zum Schluss stellte ich ein Glas unter den Ausguss des Wasserkessels.
Das Ergebnis ist leicht zu erklären, denn beim Kochen verdampft nur das Wasser und nicht das Salz. Das Salz bleibt im Kessel.
Sobald das Wasser kocht und aus der Tülle Dampf austritt, hielt ich einen Löffel in den Dampf. Es kann beobachtet werden, dass der Dampf sofort kondensiert und sich am Löffel Wassertropfen bilden, die dann in das Glas tropfen. Ich probierte einen kleinen Schluck Wasser aus dem Glas. Dadurch wird als Ergebnis festgestellt, ob die Entsalzung funktioniert hat.

6 **Wie Salzwasser genießbar gemacht wurde**
Mit diesem Versuch wird festgestellt, ob Wasser entsalzt werden kann.
Für diesen Versuch werden folgende Materialien benötigt: ein Wasserkessel mit Pfeife, ein Handschuh-Topflappen, ein Pfund Salz, etwa ein halber Liter Wasser, ein Glas, ein Löffel. Zuerst wird ein halber Liter Wasser in einen Kessel gefüllt. Dann wird viel Salz hinzugefügt. Anschließend wird die Mischung probiert. Sie schmeckt unerträglich salzig. Nun wird der Deckel auf den Wasserkessel gesetzt und das Salzwasser zum Kochen gebracht. Danach wird ein Handschuh-Topflappen über die Hand gestreift. Das ist wichtig, weil der Dampf sehr heiß ist. Dann wird ein Glas unter den Ausguss des Wasserkessels gestellt.
Sobald das Wasser kocht und aus der Tülle Dampf austritt, wird ein Löffel in den Dampf gehalten. Es kann beobachtet werden, dass der Dampf sofort kondensiert und sich am Löffel Wassertropfen bilden, die dann in das Glas tropfen. Es wird ein kleiner Schluck Wasser aus dem Glas probiert. Dadurch wird als Ergebnis festgestellt, ob die Entsalzung funktioniert hat. Das Ergebnis ist leicht zu erklären, denn beim Kochen verdampft nur das Wasser und nicht das Salz. Das Salz bleibt im Kessel.

Das kann ich! – Auswertung	
59–80 Punkte	Du hast schon viel gelernt. Weiter so!
37–58 Punkte	Du kannst es sicher noch besser. Übe weiter.
0–36 Punkte	Arbeite die Seiten 22 bis 25 noch einmal durch.

Seite 28

1 **A** Den Brief hat Anne Helling, die Klassenlehrerin der Klasse 7 a, geschrieben.
B Der Brief richtet sich an die Schülerinnen und Schüler der Klasse 7 a sowie an ihre Eltern.
C Auf der Klassenfahrt wird der Gebrauch von Handys, MP-3-Playern und Spielkonsolen verboten.

2 **b.** bis **d.**
Behauptung: Der Gebrauch von Handys, MP-3-Playern und Spielkonsolen beeinträchtigt das soziale Leben auf einer Klassenfahrt.
Argumente: Nach Erfahrung vieler Lehrkräfte sind die Schülerinnen und Schüler auf der Klassenfahrt zunehmend durch Anrufe, SMS-Schreiben und Musikhören abgelenkt. Des Weiteren gab es in der Vergangenheit bereits Fälle von Handymobbing und auch Diebstahl der Geräte.

3 **b.** bis **d.**
So hast du sicher die Sprechblasen geordnet:

Sprechblasen mit Behauptungen:

„Das Handy gibt mir Sicherheit.“ (1)

„Es ist sicherer, keine elektronischen Geräte mitzunehmen.“ (2)

„Keine elektronischen Geräte mitzunehmen, fördert die Klassengemeinschaft.“ (3)

„Ein MP-3-Player trägt zu meinem Wohlbefinden bei.“ (4)

„Auf jeden Fall ist es billiger.“ (5)

Sprechblasen mit Argumenten:

„Ich kann damit meine Eltern und Freunde anrufen.“ (1)

„Man macht dann eher gemeinsam Spiele oder Sport, statt alleine Musik zu hören.“ (3)

„Musik entspannt mich beim Einschlafen.“ (4)

„Die Telefonkosten sind hoch, wenn man immer zu Hause anruft.“ (5)

„Man muss nicht ständig auf sie aufpassen.“ (2)

Seite 29

4 **a.** *So solltest du die Argumente geordnet haben:*
Pro (für ein Verbot):
- Es ist sicherer, keine elektronischen Geräte mitzunehmen, weil man dann nicht ständig auf sie aufpassen muss.
- Keine elektronischen Geräte mitzunehmen, fördert die Klassengemeinschaft, weil man dann eher gemeinsam Spiele oder Sport macht, statt allein Musik zu hören.
- Auf jeden Fall ist es billiger, da die Telefonkosten hoch sind, wenn man immer zu Hause anruft.

Kontra (gegen ein Verbot):
- Das Handy gibt mir Sicherheit, weil ich damit meine Eltern und Freunde anrufen kann.
- Ein MP-3-Player trägt zu meinem Wohlbefinden bei, da mich Musik beim Einschlafen entspannt.

5 **b. A** In einer Stellungnahme sollte man seinen Standpunkt mit Argumenten begründen.
B Das Thema ist ein Verbot von Handys, MP-3-Playern und Spielkonsolen auf einer Klassenfahrt.
C in Form eines Briefes

6 Ich soll eine Stellungnahme als Brief schreiben. Das Thema, zu dem ich schreiben soll, ist ein Verbot von Handys, MP-3-Playern und Spielkonsolen auf einer Klassenfahrt. Ich soll mich für einen Standpunkt entscheiden und diesen begründen. Dazu soll ich Argumente verwenden. Die Arbeit soll ich an die Klassenlehrerin der 7 a, Frau Helling, adressieren.

Seite 30

Die folgenden Aufgaben könntest du so gelöst haben, wenn du dich gegen ein Verbot von Handys, MP-3-Playern und Spielkonsolen auf der Klassenfahrt entschieden hast.

1 Auf der Klassenfahrt der Klasse 7a sollen elektronische Geräte verboten werden, weil sie schlecht für das soziale Leben sind.

2 Ich bin gegen das Verbot und werde meinen Standpunkt näher erläutern. Meiner Meinung nach erhöhen Handys die Sicherheit von Kindern, weil sie damit, wann immer sie möchten, ihre Eltern und Freunde anrufen können.
Ein weiteres Argument gegen das Verbot ist, dass MP-3-Player zum persönlichen Wohlbefinden der Kinder beitragen, weil sie sie beim Einschlafen entspannen.
Ich glaube außerdem nicht, dass Handys, MP-3-Player und Spielkonsolen schlecht für die Klassengemeinschaft sind, weil man mit ihnen zusammen Musik hören und danach tanzen kann.

3 Abschließend möchte ich festhalten, dass ein Verbot von elektronischen Geräten auf Klassenfahrten unnötig und sogar schädlich für die Klassengemeinschaft ist.

4 *Hier hast du bestimmt „Kontra (gegen das Verbot)" angekreuzt. Das Gegenargument könntest du so entkräften:*
Ich finde nicht, dass es sicherer ist, Spielkonsolen usw. nicht mitzunehmen, weil man seinen Mitschülern vertrauen und außerdem die Geräte immer bei sich tragen kann.

5 Sehr geehrte Frau Helling,
vielen Dank für Ihren Brief, den ich sehr aufmerksam gelesen habe.

6 *Verwende für deinen Brief die Lösungen zu den Aufgaben 1 bis 5.*

Seite 31

8 + **10**
So könnte dein überarbeiteter Brief aussehen.
Die markierten Informationen solltest du ergänzt haben.
Die durchgestrichenen Formulierungen sind ungünstig und wurden durch bessere ersetzt.

~~Jonna, Carl, Thea, Per usw.~~ Süsel, den 30.05.2010
Die Klasse 7 b
Gemeinschaftsschule Süsel
Am Schulzentrum 3
23456 Süsel

An Jens-Peter Lustig
Gemeinschaftsschule Süsel
Am Schulzentrum 3
23456 Süsel

Verbot von elektronischen Geräten

~~Hallöchen~~ Sehr geehrter Herr Lustig,
wir finden es gut, dass elektronische Geräte auf der Klassenfahrt der Klasse 7 a verboten sind. Das Mitnehmen von Handys usw. finden wir schlecht, ~~wegen unsozial~~ weil es störend für die Klassengemeinschaft ist. Wenn keiner elektronische Geräte dabei hat, wird auch niemand mehr dafür ~~gedisst~~ gehänselt oder ausgelacht, dass er ~~sich~~ keinen MP-3-Player oder keine Spielkonsole ~~nicht besorgen kann~~ besitzt. Und man muss keine ~~Muffe~~ Angst mehr haben, dass man heimlich fotografiert wird.
Wir möchten, dass auf unserer nächsten Klassenfahrt ~~dieses Zeug~~ diese elektronischen Geräte ebenfalls verboten werden.

Mit freundlichen Grüßen

Ihre Klasse 7b

9 *Diese Argumente solltest du gefunden und so verbessert haben:*
„wegen unsozial" – weil es schlecht für die Klassengemeinschaft ist.
„wird niemand dafür gedisst, dass er sich keinen MP-3-Player oder keine Spielkonsole besorgen kann" – kann niemand dafür gehänselt und ausgelacht werden, weil er keinen MP-3-Player oder keine Spielkonsole besitzt.
„man muss keine Muffe mehr haben, dass man heimlich fotografiert wird" – Man muss keine Angst mehr haben, dass man heimlich fotografiert wird.

Seite 32

2 **b.** + **c.**
Eine Klassenfahrt ohne Süßigkeiten ist gut, da man Geld spart.
Außerdem kann man Müll vermeiden.
Meiner Meinung nach ist es auch viel schöner, zusammen etwas Gesundes zu kochen und anschließend zu essen.

3 *So könnte dein überarbeiteter Brief aussehen:*

(Deine Klasse) *(Ort und Datum)*
(Die Adresse deiner Schule)

An die Klasse 7 c
Stadtparkschule Lübeck
Schulstr. 5
56789 Lübeck

Aktion „Keine Süßigkeiten auf der Klassenfahrt"

Liebe Klasse 7 c,

wir möchten gerne, dass ihr euch an der Aktion „Eine Klassenfahrt ohne Süßigkeiten ist gesünder" beteiligt.
Wir finden es besser, auf einer Klassenfahrt ganz auf Süßigkeiten zu verzichten. Durch den Verzicht verringert ihr das Risiko von Karies und anderen Zahnkrankheiten. Ihr könnt euch gesund ernähren, denn Obst und Gemüse enthalten wichtige Vitamine und Mineralstoffe. Wenn ihr auf Süßigkeiten verzichtet, werdet ihr außerdem nicht dicker.
Deswegen wäre es schön, wenn ihr eine Klassenfahrt ohne Süßigkeiten durchführt und euch an der Aktion beteiligt.

Mit vielen Grüßen

Eure Klasse *(Deine Klasse)*

Seite 33 – Das kann ich!

4 **a.** *Das sind die Argumente, die du markiert haben solltest:*
weil wir das zu Hause auch machen; das trägt zu unserem Wohlbefinden bei; sind wir alle schlank; gemeinsam Süßigkeiten zu essen, macht Spaß

5 **b.** *Diese Angaben fehlen in dem Brief:*
das Datum, die Adresse des Empfängers, der Betreff (Aktion „Keine Süßigkeiten auf der Klassenfahrt")

c. *Diese Stellen könntest du so verbessern:*
Moin – Liebe; CU – Viele Grüße und bis bald

6 *So könnte dein Brief aussehen:*

> Max Falck (Klassensprecher) *(Ort und Datum)*
> Klasse 7 c der Stadtparkschule
> Schulstr. 5
> 56789 Lübeck
>
> Klasse 7 b der Stadtparkschule
> Schulstr. 5
> 56789 Lübeck
>
> **Aktion „Keine Süßigkeiten auf der Klassenfahrt"**
>
> Liebe Klasse 7 b,
>
> wir wollen mit euch auf Klassenfahrt gehen. Aber wir möchten da doch Süßigkeiten essen, weil wir das zu Hause auch machen. Das trägt nämlich zu unserem Wohlbefinden bei. Ich bin der Meinung, dass Süßigkeiten auf der Klassenfahrt erlaubt sein sollen, da jeder selbst entscheiden sollte, was er isst. Außerdem sind wir alle schlank und gemeinsam Süßigkeiten zu essen, macht Spaß! Deshalb möchten wir nicht an der Aktion „Keine Süßigkeiten auf der Klassenfahrt" teilnehmen.
>
> Viele Grüße und bis bald
>
> *Max*
> Klasse 7 c

7 In einer Stellungnahme kann ich andere von meinem *Standpunkt* überzeugen, indem ich gute *Argumente* anführe.

8 In der Einleitung *nenne ich das Thema der Stellungnahme.*
Im Hauptteil *begründe ich meinen Standpunkt mit Argumenten.*
Zum Schluss *fasse ich meinen Standpunkt zusammen.*

9 (*7*) Unterschrift, (*2*) Empfänger, (*6*) Grußformel, (*4*) Anrede, (*1*) Absender, (*3*) Betreff, (*5*) Brieftext

Das kann ich! – Auswertung	
59–80 Punkte	Du hast schon viel gelernt. Weiter so!
37–58 Punkte	Du kannst es sicher noch besser. Übe weiter.
0–36 Punkte	Arbeite die Seiten 28 bis 31 noch einmal durch.

Seite 34

1 **b.** Ich vermute, in der Geschichte geht es um Leute, die miteinander boxen.

Seite 36

2 **b.** *Diese Sätze solltest du als richtig angekreuzt haben:*
A, C, D, F, G, H, J, K

3 **Für die Inhaltsangabe:** Ich lese zuerst den Text genau und achte auf die Handlungsbausteine. Wenn ich die Inhaltsangabe schreibe, berücksichtige ich, wer die Geschehnisse erzählt und wie dieser Erzähler über den Boxer Harry denkt.

Für die Figurenbeschreibung: Ich beschreibe anschließend die Hauptfigur. Dabei untersuche ich an geeigneten Textstellen ihr Verhalten und ihre Gefühle.

Für die Zusatzaufgabe: Zum Schluss finde ich eine Textstelle und beantworte die Frage mit Zitaten aus dem Text.

4 *So hast du sicher die Fragen angekreuzt:*
B – Harry;
C – Harry;
D – Harry;
E – Harry

5 Harry ist die Hauptfigur der Erzählung, weil es in der Geschichte um Harrys Leben, seine Wünsche, Probleme und deren Überwindung geht.

Seite 37

6 **Hauptperson und Situation:** Wer ist die Hauptperson? – Harry, 15–18 Jahre alt. Wann und wo spielt die Handlung? – Berlin, Nordmarkplatz. Wie ist die Situation am Anfang? – Harry verliert jeden Boxkampf. Harry hat aber Spaß am Boxen.
Wunsch: Was möchte die Person erreichen? – Harry möchte sich selbst besiegen.
Hindernis: Auf welche Schwierigkeiten trifft die Person? – Harry verliert immer. Alle sagen ihm, dass er es nicht schaffen wird.
Reaktion: Wie versucht die Person, die Schwierigkeit zu überwinden? – Harry übt allein. Er tritt immer wieder gegen die anderen Jungen an. Er geht mit in den Boxklub.
Ende: Wie endet die Erzählung? – Harry wird Meister im Bantamgewicht.

7 **c.** Kind in Nachkriegszeit, Mutter bewirtschaftete eine Kneipe gegenüber dem Nordmarkplatz, spielte in Ruinen, baute Höhlen, beobachtete ältere Jungen beim Boxkampf

8 **Nr. 1:** Zeile 15: „... wir bewunderten die großen Jungen ..."
Haltung des Erzählers: er bewundert die Boxer, Harry fällt ihm auf
Nr. 2: Zeile 27: „Er tat mir leid, aber ich verstand ihn nicht ..."
Haltung des Erzählers: er hat Mitleid mit Harry, kann ihn aber nicht verstehen
Nr. 3: Zeile 37: „Meine Sympathie jedoch galt Harry ..."
Haltung des Erzählers: er mag Harry, obwohl er immer verliert
Nr. 4: Zeilen 42–43: „Ich wünschte Harry so sehr, dass er auch mal gewann." **Haltung des Erzählers:** er möchte, dass Harry sein Ziel erreicht und sich freuen kann
Nr. 5: Zeile 57: „... und musste daran denken, wie sehr ich mir das wünschte." **Haltung des Erzählers:** er wünscht sich für Harry, dass er einen Kampf gewinnt

9 **c.** Die Erzählperspektive ist die Ich-Form.

10 **b.** *Diese Antwort könntest du geschrieben haben:*
Der Erzähler in der Geschichte „Der Boxring" war in der Nachkriegszeit Kind. Er erzählt in der Ich-Form. Der Erzähler ist in Berlin Prenzlauer Berg aufgewachsen. Seine Mutter bewirtschaftet eine Kneipe. Er spielt viel in Ruinen und baut dort Höhlen. Als die Jungen beginnen, gegeneinander zu boxen, beobachtet der Erzähler die Boxkämpfe.

Seite 38

1 **b.** In der Einleitung nenne ich den Titel, den Autor, das Thema und die Textsorte. Anschließend fasse ich im Hauptteil die wichtigsten Informationen mithilfe der Handlungsbausteine zusammen. Die Inhaltsangabe schreibe ich im Präsens. Das Perfekt verwende ich, wenn Ereignisse vor anderen stattgefunden haben. Wörtliche Rede ersetze ich durch indirekte Rede.

2 *Bestimmt hast du* eine Erzählung *angekreuzt.*

3 **a.** *Du hast sicher* B *angekreuzt.*

b. Ich entscheide mich für Satz B, weil der Text zeigt, dass Harry nicht aufgibt und immer weiter trainiert, obwohl keiner an ihn glaubt.

4 Die Erzählung „Der Boxring" von Klaus Kordon handelt von einem Jungen namens Harry, der beim Boxen immer verliert, am Ende jedoch Berliner Meister im Bantamgewicht wird.

5 *So könntest du die Sätze gebildet haben:*
Sie sagt, er könne es schaffen. Er fragt, wie das gehen solle. Sie meint, er habe gut trainiert. Er möchte wissen, ob sie das wirklich meine. Sie behauptet, er mache das schon.

Seite 39

6 **b.** + **c.**
Die Zuschauer rufen Harry immer wieder zu, er solle das Boxen sein lassen. (Zeile 20) Auch der Trainer der Jungen, Alfredo Schulze, sagt ihm eines Tages, dass er kein Talent habe und viel zu steif sei. (Zeile 40)

7 **a.** bis **c.**

Zeilen	Textstelle mit wörtlicher Rede	Harry	Ich-Erzähler
53	„Trainierst du jetzt allein?", fragte ich.		X
57–58	„Willst wohl auch mal gewinnen?", fragte ich [...]		X
60–62	„Ja", sagte er dann. „Eigentlich schon. Aber in der Hauptsache will ich mich selbst besiegen ... Kann's nicht mehr hören, wenn alle sagen: Du schaffst das nie, du bist zu steif."	X	

d. Der Ich-Erzähler fragt ihn, ob er mal gewinnen wolle. Harry antwortet, dass er in der Hauptsache sich selbst besiegen wolle. Er könne es nicht mehr hören, wenn alle sagen, er schaffe es nie und sei zu steif.

Z **8** Zeilen 39–40: Alfredo Schulze ist der Meinung, dass das nichts bringt.
Zeilen 66–67: Harry sagt, dass es ihm Spaß macht, obwohl er immer verliert.

9 *So könntest du deine Inhaltsangabe geschrieben haben:*
Inhaltsangabe: „Der Boxring" von Klaus Kordon
Die Erzählung „Der Boxring" von Klaus Kordon handelt von einem Jungen namens Harry, der beim Boxen immer verliert, am Ende jedoch Berliner Meister im Bantamgewicht wird.
Die Geschichte spielt in der Nachkriegszeit in Berlin. Auf dem Nordmarkplatz bauen im Sommer mehrere fünfzehn- bis achtzehnjährige Jungen einen Boxring. Dort treffen sich die Jungen regelmäßig zum Boxen. Zuschauer feuern sie dabei an. Einer der Zuschauer ist der Ich-Erzähler. Er bewundert die großen Jungen. Der Boxer Harry fällt ihm besonders auf. Harry kann nicht boxen und verliert immer. Darum tut er dem Ich-Erzähler leid. Er versteht nicht, warum Harry immer wieder gegen Sharkie antritt, der ein talentierter Boxer ist und alle zwei Wochen Nordmarkplatz-Meister wird. Die Zuschauer lachen Harry aus. Auch der Trainer, Alfredo Schulze, rät ihm vom Boxen ab. Der Ich-Erzähler aber findet Harry sympathisch und wünscht ihm, dass er einmal gewinnen möge.
Eines Abends überrascht der Ich-Erzähler Harry dabei, wie er heimlich trainiert. Er fragt Harry, ob er nicht auch einmal gewinnen wolle. Harry antwortet, dass er vor allem sich selbst besiegen wolle.
Am Ende des Sommers hat Harry kein einziges Mal gewonnen. Im Herbst geht Alfredo Schulze zu einem richtigen Boxklub. Nur Harry und ein anderer Junge gehen mit. Sharkie und die meisten anderen Jungen haben vom Boxen bereits genug.
Vier oder fünf Jahre später liest der Ich-Erzähler in der Sportzeitung, dass Harry Lange Berliner Meister im Bantamgewicht geworden ist. Er zweifelt zuerst, sieht dann aber ein Foto aller Meister, darunter auch Harry. Er freut sich, dass Harry es geschafft hat, sich selbst zu besiegen.

Seite 40

1 **a.** Beschreibe, Untersuche

c. Zuerst schreibe ich in der Einleitung wichtige Angaben zur Figur. Anschließend beschreibe ich im Hauptteil alle äußeren Merkmale. Danach beschreibe ich alle inneren Merkmale. Dann beschreibe ich auch das Verhältnis zu anderen Figuren. Zum Schluss beschreibe ich, wie sich die Figur in der Geschichte verändert. Dabei kann ich auch ein eigenes Urteil abgeben. Meine Aussagen kann ich mit Zitaten belegen. Ich schreibe im Präsens.

2 Name: Harry Lange, ist ungefähr 15 bis 18 Jahre alt, verliert beim Boxen immer, gibt nicht auf, trainiert viel

3 ist ziemlich dünn, bewegt sich steif

4 **a.** **1.** Zeile 41;
2. Zeilen 55–56, 60–62, 64–67

b. *Bestimmt hast du* Umgangssprache *angekreuzt.*

5 **b.** *So könntest du Harrys innere Merkmale beschrieben haben:*
mutig, ausdauernd, beharrlich, zielstrebig, willensstark

6 **b.** Als der Trainer ihm abrät, bleibt er ruhig: „Harry zieht nur die Stirn kraus und geht. Und ist am nächsten Kampftag wieder da ... (Zeilen 41–42)

c. Als der Trainer ihm abrät, bleibt er ruhig: „Harry zog nur die Stirn kraus und ging. Und war am nächsten Kampftag wieder da ..." (Zeilen 41–42)

Seite 41

7 *So könntest du Harrys Verhalten als Sportler beschrieben haben:* Harry kann viel einstecken. Obwohl er immer verliert, macht ihm das Boxen Spaß. Als ihm Alfredo Schulze vom Boxen abrät, bleibt er ganz ruhig: „Harry zog nur die Stirn kraus und ging." (Zeile 41). Harry will sich selbst besiegen und gibt nicht auf. Er trainiert sehr eifrig und sogar heimlich. Am Ende wird er schließlich Meister im Bantamgewicht.

8 *So könntest du die Reaktionen der anderen Figuren beschrieben haben:*
Die anderen Figuren verstehen Harry nicht. Die großen Jungen lachen über ihn und empfehlen ihm, das Boxen lieber sein zu lassen. (Zeilen 19–20)
Auch Alfredo Schulze sagt zu Harry, er solle es lieber sein lassen, weil er kein Talent habe und viel zu steif sei. (Zeilen 39–40)
Die zuschauenden Mädchen lachen Harry aus. (Zeile 39)
Dem Ich-Erzähler tut Harry leid und er versteht ihn nicht. (Zeile 27)

9 *So könnte dein Schluss aussehen:*
Aus dem steifen, untalentierten Verlierer wird am Ende nach vier oder fünf Jahren ein erfolgreicher Boxer, der Berliner Meister im Bantamgewicht ist.

10 *So könnte deine Figurenbeschreibung aussehen:*
Der junge Boxer Harry Lange ist die Hauptfigur der Erzählung „Der Boxring" von Klaus Kordon. Er wächst in der Zeit nach dem Zweiten Weltkrieg in Berlin auf. Harry Lange ist einer der fünfzehn- bis achtzehnjährigen Jungen, die sich immer zum Boxen auf dem Nordmarkplatz in Berlin treffen. Er ist ziemlich dünn und bewegt sich sehr steif. Im Boxring hält er sich höchstens zwei Minuten lang, dann liegt er am Boden. Er wird deshalb von den anderen Jungen und von den Mädchen ausgelacht. Aber Harry lässt sich nicht entmutigen, er tritt sogar immer wieder gegen den gefürchteten Sharkie an. Obwohl er immer verliert, macht ihm das Boxen Spaß. Als ihm Alfredo Schulze vom Boxen abrät, bleibt er ganz ruhig: „Harry zog nur die Stirn kraus und ging." (Zeile 40). Harry will sich selbst besiegen und gibt nicht auf. Er trainiert sehr eifrig und sogar heimlich. Am Ende wird er schließlich Berliner Meister im Bantamgewicht.

12 **a.** Zeilen 62–63

b. Die Frage stellt der Ich-Erzähler.

13 „Sich selbst besiegen? Konnte einer so etwas denn überhaupt schaffen?" (Zeilen 62–63). Diese Frage stellt sich der Ich-Erzähler, nachdem Harry ihm seinen Wunsch mitgeteilt hat. Am Anfang hat Harry überhaupt keine Chance, beim Boxen zu gewinnen. Niemand traut ihm zu, dass er sich selbst besiegen wird. „Mensch, Harry! Lass es lieber sein. Du schaffst es nie" (Zeilen 19–20), rufen die anderen Jungen ihm zu. „Junge, lass es sein! Hast einfach kein Talent, bist viel zu steif" (Zeile 40), sagt sein Trainer zu ihm. Doch Harry lässt sich nicht beirren und behält sein Ziel fest im Auge: „Aber in der Hauptsache will ich mich selbst besiegen ... Kann's nicht mehr hören, wenn alle sagen: Du schaffst das nie, du bist zu steif." (Zeile 60–62). Obwohl er immer verliert und Prügel einstecken muss, macht er weiter und geht sogar in den Boxklub. Nach ein paar Jahren erreicht Harry schließlich sein Ziel: „Der steife Harry, er hatte es tatsächlich geschafft – er hatte sich selbst besiegt!" (Zeilen 92–93).

Seite 43 – Das kann ich!

1 *So könntest du deinen Arbeitsauftrag gelöst haben:*
Inhaltsangabe:
In der Erzählung „Der Wahnsinnstyp oder: Während sie schläft" von Katja Reider geht es um ein Mädchen, das auf einer Zugfahrt einen Jungen trifft. Sie ist zu schüchtern, ihn anzusprechen, am Ende reden die beiden aber doch miteinander.
Die Ich-Erzählerin sitzt im Zug einem Jungen gegenüber. Sie traut sich nicht, mit ihm zu reden, und starrt die ganze Zeit auf ihr Buch. Sie ärgert sich, dass sie so schüchtern ist. An der Schulter des Jungen schläft ein Mädchen, das die Ich-Erzählerin für die Freundin des Jungen hält. Als der Zug hält, wacht das Mädchen auf und läuft schnell aus dem Zug. Der Junge erklärt der Ich-Erzählerin, er kenne das Mädchen gar nicht. Die Ich-Erzählerin ist erleichtert und nimmt sich vor, den Jungen auf dem Rest der Fahrt zu erobern.

Beschreibung der Hauptfigur:
Die Hauptfigur in der Erzählung ist ein junges Mädchen. Als die Hauptfigur den Jungen beim Einsteigen zum ersten Mal sieht, ist sie so verwirrt, dass sie ihre Platznummer vergisst. Sie beobachtet ihn und die anderen Passagiere genau. Dabei drückt sie ihre Meinung teilweise in Umgangssprache aus, z. B. „angucken" (Zeile 15). Die Hauptfigur beobachtet aber auch ihr eigenes Verhalten und kommentiert es mit Begriffen aus der Jugendsprache, z.B. „voll doofen Eindruck" (Zeile 35) oder „Mein Kopf ist hohl wie eine Kokosnuss." (Zeile 53). Der Junge gefällt ihr sehr und sie schwärmt für ihn: „Himmel, was hat der für Augen!" (Zeile 47). Sie ärgert sich, dass sie sich nicht traut, ihn anzusprechen. Am Ende gelingt es ihr jedoch, ihre Schüchternheit zu überwinden.

Bessere Reaktionen:
Die Ich-Erzählerin fühlt sich, als sei sie „zur Salzsäule erstarrt." (Zeilen 17–18). Sie weiß selbst, dass sie etwas anders machen könnte: „Das heißt, ich könnte ihn angucken, wenn ich mich mal trauen würde, endlich von meinem Buch aufzuschauen." (Zeilen 15–17). Anstatt zu schweigen, könnte die Ich-Erzählerin etwas Lustiges sagen: „Könnte ich jetzt nicht irgendwas sagen? Ich meine, irgendwas Lockeres, wahnsinnig Lustiges, das ihm in null Komma nichts deutlich macht, was für eine Ausnahmeerscheinung ihm hier gegenübersitzt?" (Zeilen 50–53). Zumindest könnte sie versuchen, einen normalen Satz an den Jungen zu richten: „Lieber Himmel, kann ich bitte, bitte bald einen normalen Satz sprechen?" (Zeile 70).

Das kann ich! – Auswertung	
59–80 Punkte	Du hast schon viel gelernt. Weiter so!
37–58 Punkte	Du kannst es sicher noch besser. Übe weiter.
0–36 Punkte	Arbeite die Seiten 34 bis 41 noch einmal durch.

Seite 44

1 Stärken (stark), lächelte (lachen), anfänglich (der Anfang), geträumt (der Traum), Bäcker (backen), quälender (die Qual), ursächlichen (die Ursache), zählen (die Zahl), Hände (die Hand), Blumenläden (der Blumenladen), Gärtnereien (der Garten), unterhält (unterhalten), wäre (war), Kundengespräche (die Sprache), Verkäuferin (der Verkauf), Verkäufer (der Verkauf), berät (beraten), Gespräche (die Sprache), aufräumt (der Raum), hält (halten)

Seite 45

3 *So solltest du die Wörter zugeordnet und die Buchstaben markiert haben:*
Nomen: der Lärm, der März, das Mädchen, der Schädel, die Träne, das Geschäft, der Käse, das Gerät
Verben: täuschen, jäten, sägen, dämmern
Sonstige Wörter: spät, abwärts, fähig, ungefähr, schräg

5 bis **7**
So solltest du die Wortstämme markiert und die Wörter geordnet haben. Die unterstrichenen Wörter könntest du ergänzt haben:
Wortfamilie stellen
Nomen: die Bestellfahrt, die Stelle, die Darstellung, die Fehlerstelle, der Stellungsfehler, die Herstellung, die Stellung, die Einstellung, die Antragstellung, die Stellschraube, die Fahrerstelle, die Einstellfahrt, der Stellvertreter, die Umstellung, die Fehlbestellung, die Stellungnahme, die Stellwand, die Stellungssuche
Verben: darstellen, herstellen, feststellen, einstellen, bestellen, aufstellen
Sonstige Wörter: feststellbar, vierstellig, vorstellbar, stellenweise, einstellig, zweistellig, verstellbar, stellvertretend, stellungslos

Wortfamilie fahren
Nomen: die Bestellfahrt, das Fahrrad, der Fahrfehler, die Fahrerin, die Fehlfahrt, das Verfahren, die Abfahrt, die Fahrerstelle, die Einstellfahrt, das Fahrtenbuch, die Einfahrt, die Ausfahrt, das Fahrzeug, der Auffahrunfall, die Fahrerflucht, die Fahrgemeinschaft
Verben: anfahren, auffahren, verfahren
Sonstige Wörter: fahrbar, fahrbereit, gefahrlos, fahrlässig, fahrtüchtig, gefahrvoll

Wortfamilie fehlen
Nomen: die Fehlfunktion, der Fahrfehler, die Fehlerstelle, die Fehlfarben, der Stellungsfehler, die Fehlfahrt, der Fehlbetrag, das Fehlverhalten, die Fehlbestellung, der Folgefehler, die Fehleinschätzung, der Fehlkauf
Verben: verfehlt, fehlschlagen, fehlbesetzen, fehlgehen
Sonstige Wörter: unfehlbar, fehlerhaft, fehlerlos, fehlbar, fehlerfrei, unfehlbar, fehlerreich

Seite 46

10 *So solltest du die Wortstämme markiert und die Wörter zugeordnet haben. Die unterstrichenen Wörter könntest du ergänzt haben:*
Wortfamilie passen: passt, passen, verpassen, abpassen, passend
Wortfamilie stoßen: stößt, der Stoß, anstoßen, abstoßend, die Stoßkraft
Wortfamilie setzen: hinsetzen, das Zusammensetzen, ansetzen, die Versetzung, herabsetzen, aufsetzen
Wortfamilie führen: vorführen, durchführen, die Aufführung, anführen, führend
Wortfamilie fühlen: das Fingerspitzengefühl, befühlt, angefühlt, Gefühl, der Fühler, fühlbar, die Fühllosigkeit
Wortfamilie fassen: fasst, befasst, anfassen, die Verfassung, fassbar

12 umgehen, aufgehen, vorgehen, untergehen, übergehen, eingehen

13 *Diese Wörter solltest du im Text markiert haben:*
Gangart, Begehung, Eingang, Geheimgang, gingen, vorausgehenden, entging, gegangen, verging, Ausgang

14 *Diese Wörter könntest du noch gefunden haben:*
der Umgang, ausgehen, erging, der Aufgang, der Vorgang, der Untergang, übergehen, vergehen, begehen, aufgegangen

Seite 47 – Das kann ich!

1 Wenn ich nicht sicher bin, ob ein Wort mit *ä/äu* oder e/eu geschrieben wird, wende ich das *Ableiten* an. Ich suche ein *verwandtes* Wort.

2

Er trägt die Welt auf den Schultern.	*tragen*	*trägt*
Sie läuft morgens vor der Schule.	*laufen*	*läuft*
Diese Bäume blühen im April.	*der Baum*	*die Bäume*
Der Sand glänzt in der Sonne.	*der Glanz*	*glänzt*

3 **Im Geschäft**
Das Mädchen sagt zu dem Verkäufer: „Ich hätte gern einen Fisch, aber ohne Gräten bitte.“ Dieser guckt verständnislos. „Haben wir nicht“, antwortet er. „Schade, dann hätte ich gern einen Käse.“ Da fragt der Verkäufer nach: „Sie wissen aber schon, dass dies ein Elektrofachgeschäft ist?“

4 Wörter, die miteinander verwandt sind, bilden eine *Wortfamilie*. Die Wörter haben denselben *Wortstamm*.

5 **Nomen:** die Aussicht, die Ansicht, die Absicht, das Gesicht, die Besichtigung
Verben: beabsichtigen, besichtigen
Sonstige Wörter: sichtbar, ersichtlich, unsichtbar

6 Er legte am Strand sein Liegetuch auf die Unterlage. Weil sein Magen knurrte, ging er zum Imbiss, um in der Auslage die Lage zu checken. Zu den Hotdogs gab es leckere eingelegte Gurken als Beilage. Das kam ihm gelegen und er nutzte die Gelegenheit sofort.

Das kann ich! – Auswertung	
30–40 Punkte	Du hast schon viel gelernt. Weiter so!
18–29 Punkte	Du kannst es sicher noch besser. Übe weiter.
0–17 Punkte	Arbeite die Seiten 44 bis 46 noch einmal durch.

Seite 48

1 *Diese nominalisierten Verben solltest du im Text markiert und so in die Tabelle eingetragen haben:*
das macht's: das Montieren, das Erklären;
beim macht's: beim Basteln, beim Arbeiten, beim Verputzen;
vom macht's: vom Zuschauen, vom Umgraben;
zum macht's: zum Kochen, zum Lernen, zum Berechnen, zum Verputzen;
im macht's: im Streichen

2 *Diese Wortgruppen könntest du gebildet haben:*
beim konzentrierten Basteln, zum fleißigen Lernen, im schnellen Streichen, das genaue Berechnen, beim praktischen Arbeiten, das ausführliche Erklären, zum großflächigen Verputzen, beim schnellen Verputzen, vom bloßen Zuschauen, das exakte Montieren, vom mühevollen Umgraben, zum leckeren Kochen

Seite 49

4 *Diese Wörter solltest du im Text markiert haben:*
das Rechnen, genaues Messen, das saubere Zeichnen, das nötige Auswendiglernen, beim Schreiben

5 *Die markierten Wörter hast du bestimmt so ergänzt:*
In den Ferien begleitete ich meinen Vater auf eine Baustelle, um seine Arbeit kennen zu lernen. Ich sah allen beim Arbeiten zu. Zwei Maler kletterten zum Verputzen auf das Gerüst. Ein anderer Arbeiter war mit dem Anrühren der Farbe beschäftigt. Mein Vater sagte: „Nur durch Ausprobieren kannst du feststellen, ob dir ein Bauberuf liegt. Hilf den Leuten doch mal für zwei Stunden.“ Das Tragen der Farbeimer war sehr anstrengend und die Maler konnten sich ein Lächeln nicht verkneifen, weil ich mich oft ungeschickt anstellte.

6 **a.** *Diese Wörter solltest du im Text markiert haben:*
viel Neues, etwas Interessantes, wenig Erfreuliches, nichts Gutes, wenig Verlässliches, viel Köstliches, etwas Warmes

Z **7** Ein Teil des Regens entsteht aus Meerwasser. In der Schule gibt es nichts Süßes zu kaufen, weil die Schule sich an einem Projekt zur gesunden Ernährung beteiligt.

Seite 50

8 *w*eiter → im Weiteren, wesentlich → im Wesentlichen,
still → im Stillen, allgemein → im Allgemeinen,
übrig → im Übrigen, grün → im Grünen,
groß und ganz → im Großen und Ganzen

9 *Diese Sätze könntest du gebildet haben:*
Ich gehe im Großen und Ganzen gern zum Training.
Sie hat im Wesentlichen alles gesagt.
Wir betrachten im Weiteren andere Arten von Niederschlägen.
Ich hoffe im Stillen, dass wir Kreismeister im Fußball werden.
Ich freue mich im Allgemeinen über meine Noten.
Ich habe das Thema im Wesentlichen verstanden.
In Mathematik bin ich im Übrigen gut.
Am Wochenende zelten wir im Grünen.

10 *Diese Wörter solltest du markiert und die Eigennamen so zugeordnet haben:*
geografische Eigennamen: die Sächsische Schweiz, das Rote Meer, die Kanarischen Inseln, der Bayerische Wald, die Tschechische Republik, die Vereinigten Staaten von Amerika
andere Eigennamen: das Technische Hilfswerk, die Gelben Seiten, der Grüne Knollenblätterpilz, das Rote Kreuz, die Schwarze Witwe, die Königliche Hoheit

Seite 51 – Das kann ich!

1 Aus Verben können *Nomen* werden. Der Artikel *das* und die Wörter *beim, im, vom* und *zum* machen's! Nominalisierte Verben haben Begleiter: *Artikel, Präposition* und *Adjektiv*.

2 Mir fällt das Schreiben einer Klassenarbeit schwer. Beim Vorbereiten habe ich oft ein unangenehmes Gefühl in der Magengrube. Intensives Üben könnte mir vielleicht mehr Sicherheit geben, doch meistens fehlt mir die Zeit dafür. Kurzes Entspannen gelingt mir nicht und das Schlafen vor einer Arbeit wird oft unterbrochen. Nur beim Laufen kann ich richtig abschalten.

3 *Die markierten Wörter hast du bestimmt so geschrieben:*
Das Vorbereiten einer Klassenarbeit macht mir große Mühe, weil das Planen des Spickzettels viel Zeit erfordert. Aber beim Überlegen fällt mir meistens ein, was wichtig sein könnte. Doch wenn das lange und kleine Schreiben beendet ist, denke ich manchmal darüber nach, ob ich die Zeit nicht auch zum Üben hätte verwenden können. Den Spickzettel brauche ich übrigens dann nie.

4 Aus Adjektiven können *Nomen* werden. Die Wörter *etwas, nichts, viel* und *wenig* machen's!
Das starke Wort *im* kann aus *Adjektiven* Nomen machen.

5 Bei dem Vortrag habe ich viel *Interessantes* erfahren. Auf dem Markt kann man viel *Köstliches* kaufen. Für die Wanderung steckte ich mir etwas *Süßes* ein. Während der Klassenfahrt aßen wir viel *Gesundes*. Wegen der Kälte wollte Jan etwas *Warmes* essen. Die Nachrichten meldeten nichts *Neues*.

6 der Große Wagen, die Ostfriesischen Inseln, der Thüringer Wald, der Fliegende Holländer, die Freie und Hansestadt Hamburg, die Holsteinische Schweiz, der Indische Ozean, die Sozialdemokratische Partei Deutschlands, das Kap der Guten Hoffnung, die Christlich-Soziale Union

Das kann ich! – Auswertung	
37–50 Punkte	Du hast schon viel gelernt. Weiter so!
23–36 Punkte	Du kannst es sicher noch besser. Übe weiter.
0–22 Punkte	Arbeite die Seiten 48 bis 50 noch einmal durch.

Seite 52

1 + **2**
Diese Zusammensetzungen solltest du markiert und aufgeschrieben haben:
Das Programm der Klassenfahrt – Teil 1
Am Montagmorgen wurde die Klasse 7 b mit einem Bus in die Jugendherberge gebracht. Nachdem sich am Montagmittag alle die Zimmer ausgesucht hatten, trug Maike beim Essen das Programm vor: „Den Montagnachmittag können wir nutzen, um das Gelände der Jugendherberge zu erkunden. Am Montagabend beziehen wir die Betten, damit in der Montagnacht alle ein sauberes Bett haben. Am Dienstagmorgen gibt es die von Sahin, Tim, Fred und Kai geplante Stadtrallye. Den Dienstagnachmittag nutzen wir für einen Besuch des Freibades und am Dienstagabend besprechen wir die weitere Planung."

3 **Das Programm der Klassenfahrt – Teil 2**
Am *Dienstagabend* erläutert Mesut den Plan für die nächsten Tage: „Für den *Mittwochvormittag* hat Herr Hagen eine tolle Überraschung geplant. Haltet euch ab 7 Uhr bereit! Nach dem Mittagessen sind Sahin, Tim, Fred und Kai mit Küchendienst an der Reihe. Für die anderen gibt es am *Mittwochnachmittag* Gemeinschaftsspiele. Am Donnerstag besuchen wir das Historische Museum und den Nachmittag haben wir zur freien Verfügung. Richtig spannend wird es danach in der *Donnerstagnacht* bei der Nachtwanderung! Am *Freitagmorgen* müssen wir packen, weil wir am *Freitagmittag* um 12 Uhr wieder zuhause sein wollen."

Seite 53

5

der Montag – montags	der Morgen - morgens
der Dienstag – dienstags	der Vormittag - vormittags
der Mittwoch – mittwochs	der Mittag - mittags
der Donnerstag – donnerstags	der Nachmittag - nachmittags
der Freitag – freitags	der Abend - abends
der Samstag – samstags	die Nacht - nachts
der Sonntag – sonntags	

Seite 53 – Das kann ich!

1 **A** Aus Wochentagen und *Tageszeiten* kann man zusammengesetzte *Nomen* bilden.
B Wochentage und Tageszeiten mit einem s am Ende sind *Adverbien*. Sie werden kleingeschrieben.

2 **A** Am *Samstagabend* sehe ich mir ein Fußballspiel an.
B Ich bin *morgens* manchmal noch sehr müde.
C Frank und Lukas gehen *mittwochs* zum Badminton.
D Wir probieren am *Dienstagnachmittag* das Spiel aus.
E Was ist schöner, als *sonntagmorgens* auszuschlafen?

Das kann ich! – Auswertung	
15–20 Punkte	Du hast schon viel gelernt. Weiter so!
9–14 Punkte	Du kannst es sicher noch besser. Übe weiter.
0–8 Punkte	Arbeite die Seiten 52 und 53 noch einmal durch.

Seite 54

1 + **2**
Diese Verbpaare hast du sicher im Text markiert und aufgeschrieben:
springen sehen, baden gehen, bleiben lassen, steigen lassen, liegen lassen, lesen lernen, schreien hören, rennen sehen, kennen lernen, sein lassen, spazieren fahren, essen gehen

4 Hallo Lukas,
wenn mein Opa mit dem Hund *spazieren geht*, muss er beim Laufen aufpassen. Meine Oma sieht nicht mehr so gut und Opa macht sich jedes Mal Sorgen, wenn er sie Gemüse *schneiden sieht*. Wenn Opa manchmal mit Oma ins Restaurant *essen geht*, macht er das auch, damit sie das Kochen *sein lässt*. Ich erzähle dir ein wenig von meinen Großeltern, damit du sie schon etwas *kennen lernst*, bevor wir bei ihnen im Garten zelten.
Viele Grüße
Paul

Seite 55

5 *Diese Wörter solltest du im Text der Reihe nach markiert haben:*
allein sein, dabei sein, aus sein, vorbei sein, zufrieden sein, zurück sein, zusammen sein, gut sein, dabei sein

6 *Diese Wörter solltest du im Text ergänzt und markiert haben:*
Ich will in der Schule gut sein und danach mit der Ausbildung schnell fertig sein. Dann können meine Eltern mit mir zufrieden sein. Dann wird es zwar auch mit dem Wohnen bei den Eltern vorbei sein, aber ich will bald aus meinem Kinderzimmer weg sein.

Seite 55 – Das kann ich!

1 Verbindungen aus **zwei Verben** schreibt man *getrennt*.
Alle Verbindungen mit *sein* schreibt man **getrennt**.

2 *Diese Verbpaare hast du sicher markiert:*
„Ihr werdet in dem Spiel baden gehen, wenn ihr ständig stehen bleibt", kritisierte uns der Trainer. „Ihr sollt hier nicht spazieren gehen. Die Zuschauer wollen euch rennen sehen. Oder könnt ihr sie nicht schreien hören?"

3 Sahin: „Ich kann in dreißig Minuten *fertig sein* – wartest du auf mich?"
Ahmed: „Da werde ich leider schon *weg sein*. Es tut mir leid.
Sahin: „Ich will aber unbedingt *dabei sein*.
Ahmed: „Dann musst du in zehn Minuten *hier sein*.
Sahin: „Ich werde pünktlich *da sein*. Ich gehe sofort los.

Das kann ich! – Auswertung	
17–22 Punkte	Du hast schon viel gelernt. Weiter so!
10–16 Punkte	Du kannst es sicher noch besser. Übe weiter.
0–9 Punkte	Arbeite die Seiten 54 und 55 noch einmal durch.

Seite 56

1 *Die hier markierten Wörter solltest du im Text blau, die unterstrichenen Wörter rot markiert haben:*
Eine tolle Klasse
„Zu dieser Leistung gratuliere ich euch!", sagte Herr Hagen, unser Deutsch- und Mathematiklehrer, als er am Ende der Stunde den Deutschtest zurückgab. Auf diese Gratulation konnte die Klasse 7a nur mit Jubelgeschrei reagieren. Herr Hagen hatte mit so einer überschwänglichen Reaktion nicht gerechnet. Er freute sich und meinte: „Die Konjugation der Verben und die Deklination der Nomen habt ihr sehr gut verstanden. Es ist übrigens gar nicht so einfach, richtig zu konjugieren und zu deklinieren. Es hat sich bestätigt, dass ich die Aufgaben für den Test richtig selektiert habe."
Für den nächsten Test hoffte die Klasse 7a auf eine ebenfalls erfolgreiche Selektion der Aufgaben durch ihren Lehrer. Das neue Thema „Argumentation" fanden nämlich alle schwierig. Sie möchten aber argumentieren lernen, denn sie wollen Herrn Hagen davon überzeugen, eine Klassenfahrt zu organisieren. Natürlich würden sie bei der Organisation helfen.
Während sie sich darüber unterhielten, wie das funktionieren könnte, klingelte es und Herr Hagen kam in seiner Funktion als Mathematiklehrer zurück.

2 **a.** gratulieren – beglückwünschen,
die Gratulation – der Glückwunsch,
reagieren – eine Wirkung zeigen,
die Reaktion – die Wirkung,
die Konjugation – Beugung von Verben,
die Deklination – Beugung von Nomen,
konjugieren – Verben beugen,
deklinieren – Nomen beugen,
selektieren – auswählen,
die Selektion – die Auswahl,
argumentieren – begründen (beweisen),
die Argumentation – die Beweisführung (die Begründung),
funktionieren – klappen (gehen),
die Funktion – die Eigenschaft,
organisieren – vorbereiten, gestalten,
die Organisation – die Vorbereitung, die Gestaltung

3 Alle haben die Nomen richtig *dekliniert* und die Verben richtig *konjugiert*. Dazu hat ihnen Herr Hagen *gratuliert*. Er hatte die Aufgaben auch gut *selektiert*. Herr Hagen hat übrigens drei Funktionen in der Klasse 7a – als Klassenlehrer, Deutschlehrer und Mathematiklehrer. Ob er eine Klassenfahrt *organisiert*, ist unklar. Noch haben die Schülerinnen und Schüler nicht überzeugend *argumentiert*.

Seite 57

5 *So solltest du die Nomen zugeordnet und die Konsonanten markiert haben:*
agieren – die Aktion, fabrizieren – die Fabrikation, kommunizieren – die Kommunikation, produzieren – die Produktion, reduzieren – die Reduktion

6 *So hast du die Fremdwörter sicher geordnet:*
bilanzieren – die Bilanz, finanzieren – die Finanz, notieren – die Notiz, profitieren – der Profit, prozessieren – der Prozess, transportieren – der Transport

7 *Das markierte Wortpaar besteht aus Fremdwörtern:*
der Verlust – verlieren, die Schmiere – schmieren, die Formation – formieren, die Verzierung – verzieren

Seite 57 – Das kann ich!

1 -(t)ion, -ieren

2 Im Grammatiktest müsst ihr die Verben richtig *konjugieren* und die Nomen richtig *deklinieren*.

3 die Information – informieren, die Dekoration – dekorieren, die Operation – operieren, die Präsentation – präsentieren, die Gratulation – gratulieren, die Produktion – produzieren

4 *Die markierten Wörter solltest du ergänzt haben:*
„Zu dem Verkaufserfolg im letzten Jahr können wir uns alle gratulieren“, sagte die Chefin der Modefirma und meinte: „Wir sollten dieses Jahr mehr von diesen Hosen produzieren.“ „Auf jeden Fall sollten wir die Hosen wieder im Frühjahr auf der Modenschau präsentieren“, ergänzte die Designerin. „Um die Kunden zu überzeugen, müssen wir sie über die Produkte informieren“, ergänzte die Verkäuferin und meinte: „Es hilft, wenn viele Kunden ihre Schaufenster mit unseren Produkten dekorieren.“

Das kann ich! – Auswertung	
12–15 Punkte	Du hast schon viel gelernt. Weiter so!
8–11 Punkte	Du kannst es sicher noch besser. Übe weiter.
0–7 Punkte	Arbeite die Seiten 56 und 57 noch einmal durch.

Seite 58

1 Die Redaktion wusste, dass die letzte Schülerzeitung nicht gut ankam. Sie hatten zunächst gedacht, dass es an den fehlenden Fotos lag. Aber dann sahen sie ein, dass der Artikel über das Schulfest misslungen war.

2 *So könntest du die Sätze beendet haben:*
Sie freute sich, dass er sie besuchen kam. Es tat ihm leid, dass er ihr nicht helfen konnte. Sie ahnten, dass etwas Schlimmes passiert war.

4 Murat stellt fest: „Es ist viel zu heiß zum Lernen.“
Murat stellt fest, dass es viel zu heiß zum Lernen ist.

5 *Diese Sätze könntest du gebildet haben. Die markierten Verben hast du sicher rot markiert, die hervorgehobenen Kommas blau.*
Ines wendet ein, dass aber alle Fächer wichtig sind.
Frau Özil stellt fest, dass sie über den Unterricht nachdenken.
Clarissa denkt, dass für sie nur Sport interessant ist.

Seite 59

6 *So solltest du die Kommas gesetzt, „dass“ jeweils markiert und die Nebensätze unterstrichen haben:*
Maike glaubt, dass sie ein ganz besonderes Schulfest organisieren können.
Dass dieses Vorhaben mit viel Arbeit verbunden ist, wissen alle. Aber sie finden, dass Maike wirklich gute Ideen hat.
Dass es am Ende wirklich ein großer Erfolg wird, hoffen alle.

7 *So solltest du die Sätze in die indirekte Rede gestellt haben:*
Angela denkt, dass sie die Texte für die Schülerzeitung in einer Schreibkonferenz überarbeiten sollten. Dass dieser Vorschlag richtig gut ist, findet Serdar. Aisha wendet ein, dass sie dann alle noch mehr Arbeit haben. Dirk glaubt, dass es sich aber für ein befriedigendes Ergebnis lohnt.

Seite 59 – Das kann ich!

1 Nach Verben des *Sagens*, *Denkens* und *Meinens* folgen oft dass-Sätze. Vor der Konjunktion *dass* steht immer ein *Komma*.

2 *So solltest du die Verben markiert und die wörtliche Rede wiedergegeben haben:*
Der Kapitän befahl: „Der Matrose soll an Bord kommen.“ – Der Kapitän befahl, dass der Matrose an Bord kommen soll.
Galileo Galilei bewies: „Die Erde ist rund.“ – Galileo Galilei bewies, dass die Erde rund ist.

3 Der Mannschaftsführer meint, dass die Mannschaft im Mittelfeld sehr überlegen gespielt hat. Dass bei dieser Überlegenheit keine Tore gefallen sind, kann er gar nicht verstehen. Der Stürmer klagt, dass der Schiedsrichter keinen Elfmeter gegeben hat. Der Torwart behauptet, dass die Sonne zu tief gestanden hat. Dass das Spiel mit 0:1 verloren ging, war also sehr unglücklich. Der Trainer glaubt, dass beim Rückspiel alle Spieler so motiviert sein werden, dass die Mannschaft gewinnen wird.

Das kann ich! – Auswertung	
23–30 Punkte	Du hast schon viel gelernt. Weiter so!
14–22 Punkte	Du kannst es sicher noch besser. Übe weiter.
0–13 Punkte	Arbeite die Seiten 58 und 59 noch einmal durch.

Seite 60

1 *Diese Wörter solltest du markiert und die Kommas gesetzt haben:*

A Sie wählen dieses Thema, obwohl sie wenig über Menschenaffen wissen.
B In der Bücherei suchen sie Sachbücher zu dem Thema, sodass sie eine Auswahl an Texten haben.
C Nachdem sie die Bücher gesammelt haben, überfliegen sie darin die Bilder und Texte.
D Als sie einen Bericht über die Schimpansenforscherin Jane Goodall finden, freuen sie sich.
E Jane Goodall wurde als Forscherin berühmt, weil sie das Verhalten von Schimpansen erforschte.
F Dabei entdeckte sie, dass Schimpansen Werkzeuge benutzen.
G Wenn sie hungrig sind, verwenden sie zum Beispiel Steine zum Aufschlagen von Nüssen.
H Solange sie keine Gliederung erstellt haben, können sie sich nicht für weitere Texte entscheiden.

Seite 61

2 *So solltest du angekreuzt haben:*
Spitzenstellung: C, D, G, H
Endstellung: A, B, E, F

3 **A** (Obwohl) sie wenig über Menschenaffen wissen, wählen sie dieses Thema.
C Sie überfliegen darin die Bilder und Texte, (nachdem) sie die Bücher gesammelt haben.
D Sie freuen sich, (als) sie einen Bericht über die Schimpansenforscherin Jane Goodall finden.
E (Weil) sie das Verhalten von Schimpansen erforschte, wurde Jane Goodall als Forscherin berühmt.
F (Dass) Schimpansen Werkzeuge benutzen, entdeckte sie dabei.
G Sie verwenden zum Beispiel Steine zum Aufschlagen von Nüssen, (wenn) sie hungrig sind.
H Sie können sich nicht für weitere Texte entscheiden, (solange) sie keine Gliederung erstellt haben.

4 **c.** *So solltest du angekreuzt haben:*
☒ zwischen zwei Verben

Z 6 *So solltest du die Konjunktionen und die Nebensätze gekennzeichnet haben:*
Er war stolz, (dass) er das Buch gelesen hatte, (obwohl) es sehr dick war.
Sie erkannte ihn, (als) er sich umdrehte, (weil) sie sich die Narbe eingeprägt hatte.

Seite 62

7 *So solltest du die Konjunktionen eingekreist und die Kommas markiert haben:*
Ich hoffe, (dass) uns das Referat gut gelingt.
Wir freuen uns sehr, (wenn) uns die Lehrerin für das Referat lobt.
Frank interessieren Tiere nicht, (obwohl) seine Eltern Tierpfleger sind.
Sie besorgen einen Beamer, (weil) sie Bilder zeigen möchten.

8 Dass uns das Referat gut gelingt, hoffe ich. Wenn uns die Lehrerin für das Referat lobt, freuen wir uns sehr. Obwohl seine Eltern Tierpfleger sind, interessieren Frank Tiere nicht. Weil sie Bilder zeigen möchten, besorgen sie einen Beamer.

1 + **2**
So solltest du die Satzzeichen der wörtlichen Rede ergänzt und markiert haben:
Das erfolgreiche Referat
Im Hauptteil des Referats berichtete Adrian: „Jane Goodall hat jahrelang mit Schimpansen gearbeitet." „Sie hat dabei viele wichtige Beobachtungen gemacht", ergänzte Anna und erklärte weiter: „Jane Goodall hat zum Beispiel beobachtet, wie Schimpansen Werkzeuge verwenden." Dieser Teil des Referats kam besonders gut an, weil die beiden Referenten viele Bilder zeigten. Nur einmal musste sich Adrian korrigieren: „Das ist gar nicht das Bild mit den Termiten. Dies hier ist das richtige Bild." Aber das war wirklich die einzige kleine Panne der Referenten. „Das war ein sehr gutes Referat", meinte Aljona. Als Begründung äußerte sie: „Es hat Spaß gemacht, dem Vortrag zu folgen. Ihr habt gut erklärt und zum Hauptteil passende Bilder gezeigt."

Seite 63 – Das kann ich!

1 Die *Konjunktionen* **als**, **weil**, **wenn**, **obwohl**, **dass**, **sodass**, **solange** und **nachdem** leiten *Nebensätze* ein, die vom Hauptsatz durch ein *Komma* getrennt werden.
Nebensätze (NS) können *vor* **(Spitzenstellung)** und *nach* **(Endstellung)** dem **Hauptsatz (HS)** stehen.
Steht der Nebensatz *vor* dem Hauptsatz (Spitzenstellung), wird das Komma **zwischen zwei** *Verben* gesetzt.

2 *Diese Konjunktionen solltest du eingekreist und die Kommas so ergänzt haben. Diese Sätze solltest du angekreuzt haben:*
A Anna und Adrian bekamen viel Lob, (nachdem) sie das Referat gehalten hatten.
B Die Lehrerin bescheinigte den beiden, (dass) ihr Referat gut gegliedert war.
C (Weil) sie Bilder eingesetzt hatten, blieben die Mitschüler aufmerksam. ☒
D (Wenn) sie das nächste Referat vorbereiten, wollen sie auch Folien verwenden. ☐
E Adrian und Anna strengen sich an, (solange) sie sich verbessern können.

3 *So solltest du die Sätze geschrieben und markiert haben:*
A (Nachdem) sie das Referat gehalten hatten, bekamen Anna und Adrian viel Lob. **B** (Dass) ihr Referat gut gegliedert war, bescheinigte die Lehrerin den beiden. **C** Die Mitschüler blieben aufmerksam, (weil) sie Bilder eingesetzt hatten. **D** Sie wollen auch Folien verwenden, (wenn) sie das nächste Referat vorbereiten. **E** (Solange) sie sich verbessern können, strengen Adrian und Anna sich an.

4 *So solltest du die Satzzeichen der wörtlichen Rede ergänzt haben:*
In der Pause fragte Adrian Anna: „Wollen wir das nächste Referat auch zusammen halten?" „Sehr gerne", antwortete sie darauf und ergänzte: „Es hat viel Spaß gemacht, mit dir zu arbeiten." „Mit dir auch", gab Adrian zurück.

Das kann ich! – Auswertung	
33–45 Punkte	Du hast schon viel gelernt. Weiter so!
20–32 Punkte	Du kannst es sicher noch besser. Übe weiter.
0–19 Punkte	Arbeite die Seiten 60 bis 62 noch einmal durch.

Seite 64

1 **a.** + **b.**, **2** **a.**, **5** **a.**
Die hier markierten Wörter hast du sicher blau markiert, die unterstrichenen gelb, die unterkringelten grün und die umrahmten rot:
Gleich (würde) Alfredo Schulze wieder in seinen alten Boxklub (gehen) und die Jungs (trainieren). Er (hatte) gerade Mittag (gegessen) und (saß) noch mit einem heißen Kaffee am Tisch. Er (dachte) an den hartnäckigen Jungen Harry, der seit Monaten in den Boxklub zum täglichen Training (kam).
Im Sommer (hatte) Alfredo jene boxverrückten Jungs auf dem Nordmarkplatz mit ihrem improvisierten Boxring (entdeckt).
Der beste Boxer (wurde) Sharkie (genannt). Harry (war) eindeutig der schlechteste Boxer der Gruppe (gewesen). „Viel zu steif!", (hatte) Alfredo immer (gedacht): „Das (wird) nichts."
Jetzt (war) sich Alfredo gar nicht mehr sicher, ob dieser Sharkie noch eine Chance gegen Harry (hätte). Mit seiner schnellen Geraden (war) Harry inzwischen ein unangenehmer Gegner.
Und Harry (hatte) jetzt eine solide Beinarbeit, obwohl er trotzdem steif (wirkte). Das Erstaunliche an Harry (war), wie viele harte Schläge er (einstecken) konnte, ohne (aufzugeben).
Alfredo Schulze (nahm) ein altes Foto von der Kommode. Fast zwanzig Jahre (war) es her, dass er selbst seinen ersten großen Kampf (gewonnen) (hatte). „Das (schafft) Harry eines Tages auch", (dachte) Alfredo plötzlich und (erschrak) beinah angesichts dieses überraschenden Gedankens.

2 **b. Singular:** der Boxklub, der Mittag, der Kaffee, der Tisch, der Junge, das Training, der Sommer, der Boxring, der Boxer, die Gruppe, die Chance, die Gerade, der Gegner, die Beinarbeit, das Erstaunliche, das Foto, die Kommode, der Kampf, der Tag, der Gedanke
Plural: die Jungs, die Monate, die Schläge, die Jahre

3 der *hartnäckige* Junge – ein *unangenehmer* Gegner – die *schnelle* Gerade – die *harten* Schläge – ein *heißer* Kaffee – eine *solide* Beinarbeit – der *große* Kampf – der *überraschende* Gedanke – ein *altes* Foto

4 **a.** ein hartnäckigerer Junge – der hartnäckigste Junge; ein unangenehmerer Gegner – der unangenehmste Gegner; eine schnellere Gerade – die schnellste Gerade; die härteren Schläge – die härtesten Schläge; ein heißerer Kaffee – der heißeste Kaffee; eine solidere Beinarbeit – die solideste Beinarbeit; ein größerer Kampf – der größte Kampf; der überraschendere Gedanke – der überraschendste Gedanke; ein älteres Foto – das älteste Foto

5 werden, gehen, trainieren, haben, essen, sitzen, denken, kommen, entdecken, nennen, sein, wirken, einstecken, können, aufgeben, nehmen, gewinnen, schaffen, erschrecken

Seite 65

1 **b. + c.**
Ein Nachbar, der zufällig vorbeikam, sah ihn.

Ich habe eine Freundin, deren Eltern Sportler sind.

Er hatte einen Freund, dem er vertrauen konnte.

Du kennst das Lied, das ich immer höre.

d. *So könntest du die Sätze ergänzt haben:*
Eine Nachbarin, die zufällig aus dem Fenster schaute, *sah den Unfall.*
Ich habe einen Freund, *dessen Vater Sänger ist.*
Sie hatte eine Freundin, *der sie alles erzählen konnte.*
Du kennst den Song, *den ich gestern im Radio gehört habe.*

3 **a.** *Diese Relativpronomen solltest du markiert haben:*
Dieses oder jenes gefällt mir nicht in meinem Zimmer. Ich könnte vielleicht ein Poster an diese Wand hängen – oder doch lieber an jene Wand? Soll ich diesen Rapper auswählen oder besser jenen Spieler, der das letzte Tor im Pokal geschossen hat? Diese Entscheidungen fallen mir wirklich schwer.

b. Sie sang ihren Hit. Mit *diesem* Lied hatte sie *jenen* Wettbewerb gewonnen, dessen Finale in ganz Europa ausgestrahlt wurde. *Diesen* Tag heute vergesse ich genauso wenig wie *jenen* Tag, als mein Fahrrad geklaut wurde – *dieses* Fahrrad, das ich erst kurz zuvor zum Geburtstag bekommen hatte.

Seite 66

1 **a.**

Adverbien			
... der Zeit	**... des Ortes**	**... des Grundes**	**... der Art und Weise**
noch, endlich, danach, plötzlich, bereits, selten, jetzt	hinten, links, hin, her, überall	trotzdem, dennoch	irgendwie, vielleicht, blindlings, kopfüber, immerhin, sonst, haufenweise

b.
Eigentlich war kurz vor Schluss *nur noch* ein Unentschieden möglich, doch als plötzlich der Ausgleich fiel, dachten *insgeheim* alle an ein Wunder. Kurz *danach* eroberte der Stürmer den Ball und passte *sofort* weit nach *vorne*, wo sein Mitspieler zum Spurt angesetzt hatte. Dieser lief mit dem Ball von *rechts* auf den Strafraum zu und lupfte den Ball über die verdutzten Verteidiger, schlug einen Haken *links* an ihnen vorbei und lupfte die Kugel *zuletzt* über den Torwart ins Tor. *Darum* gewannen sie das Spiel. Es war *kaum* zu glauben.

Seite 67 – Das kann ich!

1 **a. + b.**, **4** **a.**, **5** **a.**
Die hier markierten Wörter hast du sicher blau markiert, die unterstrichenen gelb, die unterkringelten grün und die umrahmten rot:
Der Auftritt auf dem Schulfest
Die Tanz-AG der Klassen 7 a und 7 b hatte sich für die neue Show lange vorbereitet. Alle trugen die schönen Kostüme, die sie mithilfe der netten Eltern selbst geschneidert hatten. Auf der dunklen Bühne nahm jeder leise <u>seinen</u> Platz ein, der mit leuchtendem Klebeband auf dem Boden markiert war. Bevor sich der Vorhang öffnete, gingen auch im Zuschauerraum die Lichter aus. Der Start lag in den Händen der Technik-Gruppe, die ihn punktgenau setzen sollte. Während der Vorhang leise aufging, nickten sich die „Techniker“ mit konzentrierten Gesichtern zu und legten <u>ihre</u> Finger auf die richtigen Knöpfe. Die Tänzerinnen und Tänzer warteten angespannt in der Dunkelheit. Grelles Scheinwerferlicht, das von dröhnenden Bässen begleitet wurde, zuckte plötzlich über die Bühne. Mit einem kurzen Schrei sprangen alle gleichzeitig in die Luft, die wie durch einen Blitz zerrissen wurde. Der Tanz begann. Schon nach der ersten Nummer spendete das Publikum tosenden Applaus, der gar nicht mehr enden wollte. Die Show war der bisher größte Erfolg der Tanz-AG.

2 *Diese Wörter hast du sicher eingesetzt und den Superlativ unterstrichen:*
die *neue* Show; die *dunkle* Bühne; der *kurze* Schrei; das *leuchtende* Klebeband; der *<u>größte</u>* Erfolg

3 neuer – am neuesten; dunkler – am dunkelsten; kürzer – am kürzesten; leuchtender – am leuchtendsten; größer – am größten

4 **b.** haben (2), sein (2), werden (2), sollen (1), wollen (1)

5 **b.** *Kostüme*, die; *Platz*, der; *Technik-Gruppe*, die; *Scheinwerferlicht*, das; *Luft*, die; *Applaus*, der

zu Seite 67 – das kann ich!

6

Adverbien			
... der Zeit	**... des Ortes**	**... des Grundes**	**... der Art und Weise**
vorher, später, dienstags, heute	vorne, dort, hier, überall	darum, deswegen, trotzdem	halbwegs, insgeheim, kopfüber, dennoch, irgendwie

Das kann ich! – Auswertung	
40–55 Punkte	Du hast schon viel gelernt. Weiter so!
24–39 Punkte	Du kannst es sicher noch besser. Übe weiter.
0–23 Punkte	Arbeite die Seiten 64 bis 66 noch einmal durch.

Seite 68

1 **a.**

Die Entstehung der Steinkohle

Vor 360 bis 250 Millionen Jahren gab es noch keine Blütenpflanzen, keine Vögel und natürlich auch keine Menschen. Aber es wuchsen bereits riesige Urwälder, die unsere moderne technische Entwicklung ermöglicht haben. Denn die Urwälder wurden im Laufe der Zeit zu Gestein – zu Steinkohle. Viele damalige Bäume, wie zum Beispiel der Schuppenbaum, hatten zwar eine sehr dicke Rinde, aber nur einen dünnen hölzernen Kern. So knickten sie leicht um und starben ab. So entstanden gewaltige Moore, die langsam absanken und von Sand- und Tonschichten überlagert wurden. Luftabschluss und der Druck der darüber lastenden Gesteinsmassen bewirkten, dass das Holz vertorfte. Das heißt, dass der in den Pflanzen enthaltene Sauerstoff verbraucht ist und sich dadurch der Kohlenstoffanteil vergrößert hat. Aus dem Torf ist im Lauf von Jahrmillionen Braunkohle und daraus wiederum bei erhöhtem Druck und erhöhter Temperatur Steinkohle entstanden. Steinkohle hat einen höheren Brennwert als Braunkohle, sie gilt daher als wertvoller. Heute findet man Steinkohle zum Beispiel in dem sogenannten Nordwesteuropäischen Kohlegürtel, der sich von England über Nordfrankreich und Belgien bis in das Ruhrgebiet erstreckt. Ob die Menschheit noch lange Steinkohle abbauen wird, ist wegen der hohen Förderkosten fraglich. Die größten Vorräte an Steinkohle lagern in den USA, in China und Indien. Wichtige Abbaugebiete in Europa liegen in Russland, Polen und in der Ukraine.

b. + c.

So solltest du die Verben in die Tabelle eingeordnet haben:

Verben im Präsens: heißt, hat, gilt, findet, erstreckt, ist, lagern, liegen

Verben im Perfekt: ermöglicht haben, verbraucht ist, sich vergrößert hat, ist entstanden

Verben im Präteritum: gab, wuchsen, wurden, hatten, knickten, starben ab, entstanden, absanken, überlagert wurden, bewirkten, vertorfte

Verben im Futur: abbauen wird

Infinitive: heißen, haben, gelten, finden, erstrecken, sein, lagern, liegen, ermöglichen, verbrauchen, vergrößern, entstehen, geben, wachsen, werden, haben, knicken, absterben, entstehen, absinken, überlagern, bewirken, vertorfen, abbauen

Seite 69

1 *Die hier unterstrichenen Sätze solltest du unterstrichen, die markierten Wörter rot und die unterkringelten blau markiert haben:*

Kevin erzählt seinem Freund Valon am Telefon: „Meine Eltern haben in einem Preisausschreiben den ersten Preis gewonnen: Flug, Hotel und Eintrittskarten für einige Spiele der Fußballweltmeisterschaft! Sie sind vor 10 Tagen nach Südafrika geflogen. Dort sind sie zu einigen Spielen der deutschen Mannschaft gegangen. Einmal haben sie sogar den Nationalspieler Özil getroffen, der hat gegen Australien ein tolles Spiel gemacht. Er hat meinen Eltern ein Autogramm gegeben. Mein Vater ist vor Freude in die Luft gesprungen. Ich habe mich natürlich auch sehr darüber gefreut. Gestern sind meine Eltern zurückgekommen, zwei Tage vor dem Endspiel. Das werden wir natürlich gemeinsam am Bildschirm verfolgen."

2 Neulich *hat* Deutschland gegen Argentinien *gespielt*. Viele Fans *sind* nach Südafrika *geflogen*. Sie *haben* ein tolles Spiel *gesehen*. Nach dem Spiel *hat* der Trainer ein Interview *gegeben*. Er *ist* vor die Presseleute *getreten* und *hat* seine Mannschaft *gelobt*. Am Ende des Fußballturniers *sind* alle Nationalmannschaften wieder *abgereist*.

3 **c.** Die Perfektformen der Verben vom Rand werden alle mit sein gebildet, weil es Verben der Bewegung sind.

Seite 70

1 *Diese Verben im Präteritum solltest du der Reihe nach im Text markiert haben:*

gab, scheiterte, ging, erzielte, schoss, ließ, köpfte, geschah, machte, schoss, sprang, gab, wurde, drängte, blieb

2 Nach der Pause *spielte* die deutsche Elf bald wieder so gut wie am Anfang. Allerdings *kam* zuerst England nach 52 Minuten zu einer weiteren Chance. Der Ball *prallte* aber von der Latte *zurück* ins Spielfeld. In der 67. Minute *fiel* dann die Vorentscheidung für die deutsche Mannschaft durch ein Tor von Müller. Drei Minuten später *erhöhte* der gleiche Spieler zum 4 : 1. Jetzt *gab* die englische Mannschaft *auf*. Nach dem Schlusspfiff *reichten* sich die Spieler fair die Hände und *tauschten* ihre Trikots – trotz des nicht anerkannten Tores!

3 annehmen: ich nahm an, ich habe angenommen;
aufgeben: ich gab auf, ich habe aufgegeben;
können: ich konnte, ich habe gekonnt;
müssen: ich musste, ich habe gemusst;
dürfen: ich durfte, ich habe gedurft;
rennen: ich rannte, ich bin gerannt;
schwimmen: ich schwamm, ich bin geschwommen;
lesen: ich las, ich habe gelesen;
steigen: ich stieg, ich bin gestiegen;
riechen: ich roch, ich habe gerochen;
kommen: ich kam, ich bin gekommen;
fallen: ich fiel, ich bin gefallen;
ansehen: ich sah an, ich habe angesehen;
vorgehen: ich ging vor, ich bin vorgegangen;
abfahren: ich fuhr ab, ich bin abgefahren;
anschreiben: ich schrieb an, ich habe angeschrieben;
nachdenken: ich dachte nach, ich habe nachgedacht

Seite 71

1 *Diese Verben im Plusquamperfekt solltest du markiert und ergänzt haben:*

Erinnerungen an ein Erlebnis auf der Klassenfahrt

Neulich trafen sich Melanie und Kevin in der Eisdiele. Sie schauten zusammen Fotos von der Klassenfahrt auf Amrum an. Sie erinnerten sich daran, wie sie sich angefreundet hatten. Die Fahrt hatte beiden viel Spaß gemacht. Besonders lustig war der Abend gewesen, an dem die Jungs als Gespenster verkleidet ins Mädchenzimmer gekommen waren.
War das eine Enttäuschung gewesen, als sie nur leere Betten vorgefunden hatten! Sie hatten schon kehrtgemacht, waren dann aber geblieben, weil Kevin ein Geräusch gehört hatte. Er hatte sofort mit der Taschenlampe unter ein Bett geleuchtet. Und siehe da: Alle Mädchen hatten sich im Zimmer versteckt! Melanie hatte sich mit Laken verkleidet und war plötzlich aus dem Dunkeln erschienen. Kevin hatte sich echt erschrocken!

2 *Diese Orte solltest du markiert und den Zeitformen zugeordnet haben. Das Kreuz hast du sicher so gesetzt:*

Präteritum:	Plusquamperfekt:
in der Eisdiele	im Mädchenzimmer
☐ Diese Ereignisse sind länger her.	☒ Diese Ereignisse sind länger her.

3 Eine Klassenfahrt kann auch ganz schön anstrengend sein! Als der Bus losfahren sollte, waren drei Schüler noch nicht angekommen, weil sie verschlafen hatten. Dadurch dauerte die Fahrt länger, als viele erwartet hatten. Nachdem die Klasse endlich die Jugendherberge erreicht hatte, waren viele Schüler sehr müde. Und bevor die Lehrerin abends mit allen zum Strand gehen konnte, waren fünf von ihnen schon eingeschlafen!

Seite 72

1 **a.**
Diese Verben im Konjunktiv solltest du markiert und ergänzt haben:

Unsere Schule wird umgebaut

Wir fragten Frau Zubrowski, ob sie uns mehr zum Umbau der Schule sagen könne. Die Direktorin antwortete, es solle möglichst bald eine Erweiterung geben. Die Erweiterung dürfe aber nicht sehr viel kosten. Daher könne sie vielleicht vorerst nicht gebaut werden. Sie wolle aber weiterhin nach einem Sponsor für den Umbau der Sporthalle suchen. Anders sei es mit der Einrichtung der Küchenräume. Da man für die Küchengeräte einen Sponsor habe, müsse dieser Teil der Arbeiten unbedingt bis Weihnachten fertig werden.

b. + c.
So solltest du das Interview in wörtlicher Rede geschrieben und die Verbformen markiert haben:
Wir fragten Frau Zubrowski: „Können Sie uns mehr zum Umbau der Schule sagen?“ Die Direktorin antwortete: „Es soll möglichst bald eine Erweiterung geben. Die Erweiterung darf aber nicht viel kosten. Daher kann sie vielleicht vorerst nicht gebaut werden. Ich will aber weiterhin nach einem Sponsor für den Umbau der Sporthalle suchen. Anders ist es mit der Einrichtung der Küchenräume. Da ich für die Küchengeräte einen Sponsor habe, muss dieser Teil der Arbeiten unbedingt bis Weihnachten fertig werden.

3 **a.**
Tom: „Können Sie schon sagen, wann die Klassenräume umgestaltet werden?“ Frau Zubrowski: „Ein genaues Datum gibt es noch nicht. Die Arbeitsgruppe hat aber bereits einen Sponsor für die Wandfarbe gefunden. Jetzt sucht sie weitere Sponsoren. Ich bin optimistisch. Die Arbeitsgruppe findet sicher noch Sponsoren. Jede Klasse kann einen Vorschlag zur farblichen Gestaltung ihres Klassenraums vorlegen. Schwarze Flächen darf der Vorschlag allerdings nicht vorsehen. Ein helles, freundliches Raumklima muss gewahrt bleiben. Ansonsten will ich gerne alle kreativen Vorschläge berücksichtigen.“

b. + c.
So solltest du das Interview in indirekter Rede geschrieben und die Konjunktive markiert haben:
Tom fragte Frau Zubrowski, ob sie schon sagen könne, wann die Klassenräume umgestaltet werden.
Frau Zubrowski antwortete, dass es ein genaues Datum leider noch nicht gäbe. Die Arbeitsgruppe hätte aber schon einen Sponsor für die Wandfarbe gefunden. Jetzt suche sie weitere Sponsoren. Sie sagte, sie sei aber optimistisch. Die Arbeitsgruppe fände sicher die fehlenden Sponsoren. Jede Klasse könne bereits einen Vorschlag zur farblichen Gestaltung ihres Klassenraums vorlegen. Schwarze Flächen dürfe der Vorschlag allerdings nicht vorsehen. Ein helles, freundliches Raumklima müsse gewahrt bleiben. Ansonsten wolle sie gerne alle kreativen Vorschläge berücksichtigen.

Seite 73

4 Er sagte laut: „Ihr behauptet, ihr habet das Recht, euch so zu benehmen. Immer wieder höre ich von euch, ihr wollet euch nicht nach Regeln richten, die ihr nicht verstehen könnet.“
Wir hielten dagegen: „Du glaubst wohl, du könnest dir alles leisten. Vielleicht denkst du auch, du machest alles richtig.

5 + **6** **a.**

können	Konjunktiv
ich kann	ich könne
du kannst	du könnest
er, sie, es kann	er könne
ihr könnt	ihr könnet
wir können	wir können
sie können	sie können

machen	Konjunktiv
ich mache	~~ich mache~~
du machst	du machest
er, sie, es macht	er mache
ihr macht	ihr machet
wir machen	wir machen
sie machen	sie machen

6 **b. + c.**
Sie behaupteten, wir würden nicht schwimmen können.
Wir entgegneten, wir würden immer im Sommer schwimmen, weil wir immer am Meer Ferien machen würden.

zu Seite 73

7 Unsere Mathelehrerin beschwerte sich gestern: „Ihr behauptet, ihr *seiet* nicht klug genug für diese Aufgaben." Sie meint aber, wir *seien* nur faul. Tom sagte, er *sei* besser in Mathe als du, Frank. Du *seiest* dafür in Englisch besser und ich *sei* besser in Sport. Nur Elena und Faruk *seien* in Sport noch besser. Er meint, du *habest* ein besseres Gedächtnis für Vokabeln und er *habe* den besseren Taschenrechner. Heute beschwerte sich die Mathelehrerin schon wieder: „Ihr behauptet, ihr *habet* für den Test gut gelernt, aber ich kann euch ganz bestimmt sagen, dass ihr euch irrt." Ich hatte schon zu Tom gesagt, ich *würde* ein ungutes Gefühl *haben*. Vor dem Test hatte Tom noch gemeint, wir *würden* zu viel *üben*.

Seite 74

1 *Diese Verbformen im Passiv hast du sicher im Text gefunden:*
wird erhitzt, wird hinzugegeben, wird abgedeckt, wird gezogen, wird geschüttelt, wird gelassen, wird bestreut

2 Das Popcorn *wird* in eine Schüssel *gefüllt*. Auf den Tisch *wird* eine Decke *aufgelegt*.
Die Schüssel *wird* auf den Tisch *gestellt*. Neben die Schüssel *werden* Servietten *gelegt*.
Popcorn *wird* gerne mit den Fingern *gegessen*.

Seite 75 - Das kann ich!

1 *Diese Verbformen und Infinitive solltest du gefunden und so in die Tabellen eingeordnet haben:*
Präsens: hat - haben, weiß - wissen, behauptet - behaupten
Präteritum: gab - geben, kannten - kennen, holte - holen, mochte - mögen
Perfekt: hat gegeben - geben
Plusquamperfekt: war gewesen - sein
Futur: wird schießen - schießen
Passiv: wurde genannt - nennen, wurde geboren - geboren werden
Konjunktiv: sei - sein, werde - werden, habe - haben

2 Nach der Weltmeisterschaft sagen viele: „Dieser Müller ist ein so großes Talent, er wird bestimmt ein herausragender Fußballer und hat noch viele Erfolge vor sich."

Das kann ich! - Auswertung	
37-50 Punkte	Du hast schon viel gelernt. Weiter so!
23-36 Punkte	Du kannst es sicher noch besser. Übe weiter.
0-22 Punkte	Arbeite die Seiten 68 bis 74 noch einmal durch.

Seite 76

1 *Die hier markierten Wortgruppen solltest du blau, die unterstrichenen gelb markiert und die Präpositionen eingekreist haben:*
Ninja fotografiert gern. Deshalb hat sie schon lange (für) eine neue Kamera gespart. (Aus) dem Internet kennt sie schon verschiedene Kameras. (Von) ihrer Freundin hat sie auch viele gute Tipps bekommen. (Ohne) ihren Rat würde ihr die Entscheidung bestimmt schwerfallen. Eine kleine Kompaktkamera ist (für) Ninja geeignet. (Mit) einer solchen Kamera ist sie als Fotografin gut ausgerüstet. Damit kann sie nicht nur (bei) schönem Wetter fotografieren.

2 **a.** + **b.**
Endlich ist es so weit. Ninja geht (in) den Fotoladen, um einzukaufen. Sie steht (in) dem Laden und bestaunt das Angebot. Viele Kameras liegen (auf) einem Tisch. Sie schaut auch (hinter) den Tisch und entdeckt dort ihre Lieblingskamera. Sie liegt (neben) einem billigeren Modell.

c. bis **e.**
So solltest du die Tabelle ergänzt haben:

Verb	Frage	Wortgruppe mit Präposition	Fall
geht	*Wohin?*	*in den Fotoladen*	*Akkusativ*
steht	*Wo?*	*in dem großen Laden*	*Dativ*
liegen	*Wo?*	*auf einem Tisch*	*Dativ*
schaut	*Wohin?*	*hinter den Tisch*	*Akkusativ*
liegt	*Wo?*	*neben einem sehr teuren Modell*	*Dativ*

Seite 77

3 Ninja kann sich (wegen) des großen Angebots nicht sofort entscheiden. (Während) des Gesprächs äußert der Verkäufer, dass die Kamera eine sehr gute Wahl sei. (Wegen) des hohen Preises ist Ninja unsicher und fährt unverrichteter Dinge nach Hause. Am Samstag begleitet ihr Vater sie zum Fotoladen. (Wegen) seiner Einwände überlegt sie zwar noch einmal, entscheidet sich dann aber (trotz) des höheren Preises für die Kamera.

4 Wegen *des schlechten Wetters* habe ich mich erkältet.
Während *der ersten Stunde* war ich müde.
Trotz *des schönen Wetters* musste der Ausflug ausfallen.
Wegen *des vielen Regens* war ich nicht draußen.

6 *So solltest du die Wortgruppen ergänzt und die Präpositionen eingekreist haben:*
Der Verkäufer des Fotoladens empfiehlt Ninja, ihre neue Digitalkamera (in) *einer Kameratasche* aufzubewahren. Die Trageschlaufe der Kamera solle sie (während) *des Fotografierens* immer um das Handgelenk legen, meint er. So eine kleine Kamera könne leicht (aus) *der Hand* und (auf) *den Boden* fallen und sei dann meist zerstört. Ninja entdeckt (bei) *diesem Fotohändler* eine Kameratasche (zu) *einem günstigen Preis*. Bevor sie (mit) *ihrer neuen Kamera* draußen fotografiert, geht sie (zu) *einem anderen Fotohändler* und kauft eine neongrüne Tasche. (Wegen) *des Regens* kann sie aber (an) *diesem Freitag* nicht draußen fotografieren. Aber sie freut sich schon (auf) *den nächsten Tag*.

Seite 78

7 Er geht *ans* Regal. Sie sucht *beim* Vater Rat. Er geht *zum* Bäcker. Sie schaut *ins* Schaufenster. Er wird *vom* Verkäufer gut beraten.

8 **a.**
Am Abend fuhr eine große schwarze Limousine vors Haus. Drei schwarz gekleidete Gestalten sprangen heraus - nur der Fahrer blieb im Wagen. Gesichert vom dritten Mann, kletterten zwei der Gestalten aufs Dach. Während zwei Personen übers Dach in eine Wohnung eindrangen, warteten zwei Personen im Wagen vorm Haus. Der Besitzer vermisste am nächsten Tag einen Brief.

b. + **c.**
So solltest du die Tabelle ergänzt haben:
am = an + dem; vors = vor + das; im = in + dem;
vom = von + dem; aufs = auf + das;
übers = über + das; vorm = vor + dem; am = an + dem

9 Ninja steht *im Geschäft* (*Dativ*) (Wo?). Sie stellt die Kamera zurück *an ihren Platz* (*Akkusativ*) (Wohin?). Ninja entscheidet sich *für diesen Apparat* (*Akkusativ*) (Wofür?). Nach *dem Einkauf* (*Dativ*) (Wann?) fährt Ninja nach Hause. Sie rennt sofort *ins Zimmer* (*Akkusativ*) (Wohin?) und informiert sich *in der Anleitung* (*Dativ*) (Wo?) genau über die Bedienung der Kamera. Das dauert insgesamt über eine Stunde. Die Funktion eines Knopfes findet sie *trotz der Abbildung* (*Genitiv*) (Warum trotzdem nicht?) nicht heraus. Sie will *wegen dieses Knopfes* (*Genitiv*) (Weswegen?) noch einmal den Verkäufer fragen.

Seite 79 – Das kann ich!

1 A **Nach Präpositionen** stehen Nomen oder Pronomen in einem bestimmten *Fall*. Nach den Präpositionen **mit**, **nach**, **bei**, **von**, **zu** und **aus** stehen Wortgruppen im *Dativ*. Nach den Präpositionen **durch**, **für**, **ohne** und **gegen** stehen Wortgruppen im *Akkusativ*.

B Die Präpositionen **an**, **auf**, **hinter**, **neben**, **in**, **über**, **unter**, **vor** und **zwischen** können sowohl mit dem *Dativ* als auch mit dem *Akkusativ* stehen.

C Im **Dativ** antworten die Wortgruppen auf die Fragen: *Wo?* und **Wann**?
Im **Akkusativ** antworten die Wortgruppen auf die Frage: *Wohin?*

D Nach den Präpositionen **während**, **trotz** und **wegen** stehen Wortgruppen im *Genitiv*.

2 *Die hier markierten Wortgruppen solltest du blau, die unterstrichenen gelb markiert und die Präpositionen eingekreist haben:*
Mit dieser Kamera können Sie auch ohne einen Blitz gute Nachtbilder machen. Mit einem Stativ gelingen Nachtbilder besonders gut. Durch den langen Belichtungszeitraum werden allerdings alle bewegten Dinge unscharf (z. B. Wellen oder Autolichter). Außerdem reicht bei großer Dunkelheit die Auflösung des Monitors nicht für eine optimale Voransicht.

3 *Diese Wortgruppen solltest du ergänzt und die Präpositionen eingekreist haben:*
Verwenden Sie für *ihren Fotoapparat* nur die angegebenen Speicherkarten. Kleinere helle oder dunklere Punkte auf *dem LCD-Monitor* haben keine Auswirkungen auf die Bilder. Lassen Sie die Kamera nicht über *einen längeren Zeitraum* direkt in *der Sonne* liegen. Lesen Sie diese Anleitung vor *der Verwendung* der Kamera aufmerksam durch. Verwenden Sie zum *Reinigen* keine Lösungsmittel.

4 Ich bin *im* Zentrum. (**Dativ**) Ich gehe *zum* Bahnhof. (**Dativ**)
Ich bin fast *am* Ziel. (**Dativ**) Ich gehe *ins* Gebäude. (**Akkusativ**)
Ich schaue *durchs* Zugfenster. (**Akkusativ**)

Das kann ich! – Auswertung	
28–37 Punkte	Du hast schon viel gelernt. Weiter so!
17–27 Punkte	Du kannst es sicher noch besser. Übe weiter.
0–16 Punkte	Arbeite die Seiten 76 bis 78 noch einmal durch.

Seite 80

1 **a. + b.**
Diese Konjunktionen solltest du eingekreist und die Nebensätze markiert haben:
Liebe Frau Helling,
der Gebrauch elektronischer Geräte auf der Klassenfahrt wurde verboten, da er das soziale Miteinander beeinträchtigen soll. Mit dieser Entscheidung sind wir nicht einverstanden, weil die Geräte für uns wichtige Funktionen erfüllen. Die meisten von uns entspannt es, wenn sie auf einer langen Busfahrt schöne Musik hören. Bei einer Stadtbesichtigung können wir die Geräte im Bus liegen lassen, damit wir nicht durch unsere Handys abgelenkt werden. Die Lehrkräfte nehmen den Schülern die Geräte ab, falls sich einige nicht an diese Verabredung halten. Nachdem wir wieder in den Bus eingestiegen sind, können wir die Geräte wieder nutzen. Schließlich kann der Gebrauch elektronischer Geräte das soziale Leben fördern. Man kann nämlich in Teams mit Spielkonsolen spielen, während man auf den Bus wartet. Wir möchten Sie daher bitten, unsere Argumente zu berücksichtigen, bevor Sie eine endgültige Entscheidung treffen.
Mit freundlichen Grüßen
Ihre Klasse 7a

2 *Diese Konjunktionen könntest du eingesetzt und die Nebensätze unterstrichen haben:*
Die elektronischen Geräte bleiben im Bus, *wenn* wir eine Stadt besichtigen. Wir benutzen die Geräte nur im Bus, *damit* wir bei der Stadtführung aufmerksam sind. Wir geben unsere Handys den Lehrkräften, *bevor* wir den Bus verlassen. *Falls* sich jemand nicht an die Vereinbarung hält, muss er mit einer Strafe rechnen. Wir hören gerne Musik im Bus, *weil* uns die Musik bei der Fahrt entspannt. Deswegen möchten wir die Geräte benutzen, *nachdem* wir die Stadt besichtigt haben.

Seite 81

3 *So solltest du die Sätze aufgeschrieben haben:*
A Wir brauchen unsere Handys nicht, während wir die Stadt besichtigen. **B** Die Stadtbesichtigung dauert nicht den ganzen Tag, damit die Klasse danach zum Spaßbad fahren kann. **C** Die Lehrerin nimmt ihm das Handy ab, weil er sich nicht an die Vereinbarung gehalten hat. **D** Wir sind gut gelaunt, wenn wir im Bus unsere Lieblingsmusik hören. **E** Die Klasse fährt nach Hause, nachdem niemand seine Geräte verloren hat.

Seite 81 – Das kann ich!

1 *So könntest du den Merksatz ergänzt haben:*
Konjunktionen wie *weil*, *da*, *nachdem*, *bevor*, *während* verbinden Haupt- und Nebensätze.

2 *Diese Konjunktionen könntest du ergänzt haben:*
Hallo Jessie,
die Klassenfahrt ist super! Es gab Bedenken, *weil* elektronische Geräte auf der Fahrt verboten werden sollten. Wir haben aber eine Vereinbarung mit unserer Lehrerin getroffen, *nachdem* sie unseren Brief gelesen hat. Wir geben die Geräte ab, *bevor* wir aussteigen. Jetzt spielt niemand mit seinem Handy, *während* wir etwas besichtigen. Spielkonsolen dürfen nur benutzt werden, *falls* wir kein Programm haben. Das finden wir in Ordnung, *da* sonst nicht alle mitmachen. *Weil* diese Regelung so gut funktioniert hat, wollen wir sie auf der nächsten Fahrt wieder anwenden. Frau Helling findet übrigens auch, dass wir besser gelaunt sind, *wenn* wir im Bus unsere Musik hören. *Falls* dir die Vereinbarung gefällt, kannst du sie ja eurer Klasse vorschlagen.
Deine Katharina

3 **A** Die Schüler sind abgelenkt, wenn sie ihre Handys pausenlos benutzen.
B Nach der letzten Klassenfahrt waren einige Schüler traurig, weil ihre Handys beim Stadtrundgang gestohlen wurden.

Das kann ich! – Auswertung	
17–22 Punkte	Du hast schon viel gelernt. Weiter so!
10–16 Punkte	Du kannst es sicher noch besser. Übe weiter.
0–9 Punkte	Arbeite die Seiten 80 und 81 noch einmal durch.

Seite 82

1 Anne | gibt | ihrer Freundin | das Buch | morgen | in der Schule.

Wer oder was gibt das Buch? *Anne* – **Subjekt**
Was tut Anne? *gibt* – Prädikat
Wen oder was gibt Anne? *das Buch* – **Akkusativobjekt**
Wem gibt Anne das Buch? *ihrer Freundin* – **Dativobjekt**
Wann? *morgen* – adverbiale Bestimmung der Zeit
Wo? *in der Schule* – adverbiale Bestimmung des Ortes

2 Victoria hat Ferhat zu ihrem Geburtstag eingeladen. Ferhat will ihr etwas mitbringen. Ihm fällt aber kein Geschenk ein. Vielleicht kauft er ihr ein Buch.

3 Wem hilft Sibel? – ihrem Bruder
Was entdeckt sie? – einen Jugendkrimi
Was blättert Ferhat durch? – das Buch
Wem gefällt der Krimi? – ihm

4 **a.**
Gestern Abend wurde die Tankstelle in der Schlossstraße überfallen. Gegen 19 Uhr drangen zwei maskierte Männer in den Kassenraum ein und verlangten die Tageseinnahmen. Nur wenige Minuten später rannten die Räuber mit dem Geld die Schlossstraße entlang. Der Kassierer hatte jedoch während des Überfalls den Alarmknopf gedrückt. Dadurch wurden die Täter fünf Minuten später in der Badstraße von der Polizei gestoppt.

b.

Adverbiale Bestimmungen der Zeit (Wann?)	Adverbiale Bestimmungen des Ortes (Wo?)
- gestern Abend - gegen 19 Uhr - nur wenige Minuten später - während des Überfalls - fünf Minuten später	- in der Schlossstraße - in den Kassenraum - die Schlossstraße entlang - in der Badstraße

Seite 83

1 *Diese Genitivattribute hast du sicher markiert, diese Fragen und Antworten geschrieben:*
A Wessen Kinder? – des Monsieur Mathieu
B Wessen Herr? – der Diebe
C Wessen Geheimnis? – der Geisterinsel
D Wessen Königin? – der Pferde
E Wessen Leuchten? – der Stille
F Wessen Bildnis? – des Dorian Gray

3 **a.**
Die Kinder des Monsieur Mathieu
Clément Mathieu bekommt eine Anstellung als Lehrer *des Internats* für schwer erziehbare Jungen. Er ist entsetzt über die harten Erziehungsmethoden *des Direktors*. Dann gründet er einen Chor und gewinnt die Zuneigung *der Schüler*. Die Jugendlichen öffnen sich dem Zauber *der Musik*. Doch der Direktor versucht alles, um den Erfolg *des Chors* zu stören.

b. + c.
das Internat – des Internats; der Direktor – des Direktors; die Schüler – der Schüler; die Musik – der Musik; der Chor – des Chors

Seite 84

4 *Die adjektivischen Attribute hast du sicher so markiert. Diese Filmtitel könntest du geschrieben haben.*
a) Die Geschichte vom weinenden Kamel – Die Geschichte vom lachenden Kamel
b) The Messenger – die letzte Nachricht – The Messenger – die erste Nachricht
c) Eine zauberhafte Nanny II – Eine böse Nanny II
d) Der fantastische Mr. Fox – Der verzauberte Mr. Fox
e) Vertraute Fremde – Unbekannte Fremde
f) Das weiße Band – Das schwarze Band

5 Welche Geschichte? – Die Geschichte vom weinenden Kamel
Welche Nachricht? – Die letzte Nachricht
Welche Nanny? – Eine zauberhafte Nanny
Welcher Mr. Fox? – Der fantastische Mr. Fox
Welche Fremde? – Die vertraute Fremde
Welches Band? – Das weiße Band

6 *So könntest du die Schlagzeilen ergänzt haben:*
Der *unglaubliche* Diebstahl *der Kunstwerke*
Der *unerwartete* Triumph *der Schwimmerin*
Das *wunderbare* Treffen *der Zirkuskünstler*
Das *enttäuschende* Versagen *des Spions*
Die *schreckliche* Niederlage *der Nationalelf*
Die *plötzliche* Heimkehr *des Kapitäns*

7 *Diese oder ähnliche Sätze könntest du geschrieben haben. Die hier unterstrichenen Wörter solltest du gelb und die markierten Wörter blau markiert haben:*
Der überraschende Auftritt der Sängerin hat die Fans begeistert.
Der unerwartete Erfolg der Mannschaft hat endlich jeden überzeugt.
Der spontane Aufbruch der Gruppe hat alle überrascht.

Seite 85 – Das kann ich!

1 **a)** Wer oder was hat sein Handy verborgt? – Florian
b) Was hat Florian getan? – Er hat verborgt.
c) Wen oder was hat Florian verborgt? – sein Handy
d) Wem hat Florian sein Handy verborgt? – seinem Freund
e) Wo hat Florian sein Handy verborgt? – in der Schule
f) Wann hat Florian sein Handy verborgt? – gestern

2 **Attribute** geben **zusätzliche Informationen** zu einem *Nomen*. **Genitivattribute** stehen *hinter* dem Nomen. Man erfragt sie mit: *Wessen*? **Adjektivische Attribute** stehen *vor* dem Nomen. Man erfragt sie mit: *Welche? / Welcher? / Welches?*

3 *Die hier unterstrichenen Wörter solltest du gelb und die markierten Wörter blau markiert haben:*
Grandioser Sieg des Löwenteams
In einem aufregenden Fußballspiel gegen die Mannschaft der Heinrich-Böll-Oberschule errang unsere Mannschaft gestern einen wunderbaren Sieg mit 5:1. Der Trainer der Fußball-Elf zeigte sich überaus glücklich: „Die kämpferischen Spieler des Löwenteams erwiesen sich als Helden des richtigen Augenblicks. Farblos wirkte dagegen das Spiel des Gegners." Unser Team erhält für seinen Sieg einen goldenen Pokal. Den Pokal wird die Schulleiterin am Dienstag in der Aula überreichen.

Das kann ich! – Auswertung	
23–30 Punkte	Du hast schon viel gelernt. Weiter so!
14–22 Punkte	Du kannst es sicher noch besser. Übe weiter.
0–13 Punkte	Arbeite die Seiten 82 bis 84 noch einmal durch.

Der Kompetenztest

Seite 88 – Sachtexte und Grafiken erschließen

2 **b.** *Diese Überschriften könntest du gefunden haben:*
2 Der Beginn des Marathonlaufs in Griechenland
3 Der Marathonlauf bei den Olympischen Spielen der Neuzeit
4 Die Festlegung der Distanz
5 Ungewöhnliche Begebenheiten
6 Gründe, einen Marathon zu laufen

3 bis **10**
Diese Aussagen solltest du angekreuzt haben:
4 c), 5 d), 6 b), 7 d), 8 b), 9 c), 10 d)

11 *So könntest du geantwortet haben:*
Bei den Olympischen Spielen 1908 in London hat die britische Königin Alexandra den Lauf in den Windsor-Schlosspark verlegen lassen. Bis zur Ehrenloge war die Strecke genau 42,195 km lang. Diese Strecke wird seitdem bei jedem Marathonlauf gelaufen.

12 + **13**
Diese Aussagen hast du bestimmt angekreuzt: 12 a), 13 b)

Seite 89 – Sachtexte und Grafiken erschließen

14 bis **20**
Diese Aussagen hast du sicher angekreuzt:
14 c), 15 c), 16 c), 17 c), 18 d), 19 c), 20 b)

21 *So sieht der Trainingsplan aus:*
mindestens 3 Jahre lang trainieren, 6- bis 7-mal in der Woche laufen und dabei insgesamt 90 bis 110 km pro Woche zurücklegen

22 + **23**
So hast du bestimmt angekreuzt: 22d), 23b)

Sachtexte und Grafiken erschließen – Auswertung	
59–80 Punkte	Du hast schon viel gelernt. Weiter so!
37–58 Punkte	Du kannst es sicher noch besser. Übe weiter.
0–36 Punkte	Arbeite die Seiten 10 bis 21 noch einmal durch.

Seite 90 – Rechtschreiben

1 **a.** Du kannst Wörter mit **ä** oder **äu** von verwandten Wörtern mit *a* oder *au* ableiten.

b. *So solltest du die Wörter geschrieben haben:*
träumen, der Verkäufer, zählen, der Bäcker

2 **a.** *Die Wortstämme hast du bestimmt so markiert:*
verfassen, umfassen, die Verfassung, unfassbar, fassungslos, die Einfassung, anfassen, das Tintenfass, die Weltauffassung, erfassen, zufassen, fassförmig, die Zusammenfassung, nachfassen, die Gefasstheit, befassen, das Fassungsvermögen, weltumfassend, die Brillenfassung, einfassen, die Datenerfassung, verfassungsrechtlich

b. *Diese Wörter solltest du gestrichen haben:*
fast, fasten, die Faser

3 **a.** *Mit diesen Wörtern solltest du die Merksätze ergänzt haben:*
A *Verben*, **B** *Adjektiven*, **C** *Adjektiven*

b. *So könntest du die Nomen gebildet haben:*
A beim Essen, das Fahren, im Gehen, zum Schreiben
B etwas Gelbes, nichts Neues, viel Lustiges, wenig Spannendes
C im Stillen, im Allgemeinen

4 montags, mittags, freitags, nachts

5 **a.** Alle Verbindungen mit **sein** schreibt man *getrennt*.

b. *Diese Verbindungen mit sein könntest du ergänzt haben:*
an sein, dabei sein, fertig sein

Rechtschreiben – Auswertung	
44–60 Punkte	Du hast schon viel gelernt. Weiter so!
27–43 Punkte	Du kannst es sicher noch besser. Übe weiter.
0–26 Punkte	Arbeite die Seiten 44 bis 63 noch einmal durch.

Seite 91 – Grammatik

1 **a.** + **c.**
So sollte deine ausgefüllte Tabelle aussehen:

Adverbien ...			
der Zeit	*des Ortes*	*des Grundes*	*der Art und Weise*
morgen, dienstags, *heute*	dort, draußen, *hier*	deswegen, darum, *deshalb*	vielleicht, haufenweise, *normalerweise*

2 + **3** **a.**
Bei der letzten Sitzung des Schülerrates hatte Olga eine Idee: „Wir organisieren einen Spielabend. Das haben wir an meiner alten Schule auch immer gemacht.“ Alle waren begeistert. Pia sagte, sie schreibe sofort einen Antrag an die Schulleitung. Nachdem Pia den Antrag abgegeben hatte, berichtete sie dem Schülerrat: „Der Schulleiter wird den Antrag morgen mit den Lehrkräften prüfen. Aber er ist jetzt schon Feuer und Flamme.“

3 **b.** *So hast du die Verbformen bestimmt sortiert:*
Präteritum: hatte, waren (begeistert), sagte, berichtete;
Präsens: organisieren, ist;
Futur: wird prüfen;
Perfekt: haben gemacht;
Plusquamperfekt: abgegeben hatte

4 ich: *Personalpronomen*; fahre: *Verb*; heute: *Adverb*; mit: *Präposition*; diesem: *Demonstrativpronomen*; neuen: *Adjektiv*; Fahrrad: *Nomen*; das: *Relativpronomen*; meine: *Possessivpronomen*; Eltern: *Nomen*; mir: *Personalpronomen*; schenkten: *Verb*

Grammatik – Auswertung	
37–50 Punkte	Du hast schon viel gelernt. Weiter so!
23–36 Punkte	Du kannst es sicher noch besser. Übe weiter.
0–22 Punkte	Arbeite die Seiten 64 bis 85 noch einmal durch.

Seite 92 – Versuche beschreiben

1 Lineal, Perle mit Loch

2 bis **5**
In dieser Reihenfolge solltest du die Schritte der Anleitung nummeriert haben. Die Passivformen im Text sind markiert, die Er-Formen und die Verben im Präteritum sind durchgestrichen.
1 Zuerst wird aus dem Tonpapier ein Quadrat mit einer Seitenlänge von 15 cm ausgeschnitten.
6 Zum Schluss wird die Perle auf die Nadel geschoben und dann wird das Windrad auf den Zweig gesteckt.
2 Als Nächstes ~~zeichnete er~~ mit dem Lineal zwischen den Ecken zwei Diagonalen.
4 Anschließend ~~markierte er~~ links von den Einschnitten in die Ecken je einen Punkt, durch den später die Nadel gestochen wird.
5 Danach werden die markierten Ecken zur Mitte gefaltet. Dabei werden die Spitzen übereinandergelegt. Jetzt wird mit der Nadel durch alle vier Spitzen gestochen.
3 Dann ~~schnitt er~~ genau 7 cm entlang jeder Diagonalen.

4 **b.** *Diese Passivformen hast du bestimmt gefunden:*
werden gezeichnet, wird geschnitten, wird markiert

5 *Die Lösung besteht aus den Ergebnissen zu den Aufgaben 2 bis 4. Deine neuen Sätze mit den Passivformen sehen so aus:*
2 Als Nächstes werden mit dem Lineal zwischen den Ecken zwei Diagonalen gezeichnet.
3 Dann wird genau 7 cm entlang jeder Diagonale geschnitten.
4 Anschließend werden links von den Einschnitten in den Ecken Punkte markiert, durch die später die Nadel gestochen wird.

Versuche beschreiben – Auswertung	
37–50 Punkte	Du hast schon viel gelernt. Weiter so!
23–36 Punkte	Du kannst es sicher noch besser. Übe weiter.
0–22 Punkte	Arbeite die Seiten 22 bis 27 noch einmal durch.

Seite 93 – Briefe überarbeiten, Stellung nehmen

1 *Folgende Angaben hast du bestimmt angekreuzt und so ergänzt:*
Gruß: Mit freundlichen Grüßen, **Datum:** 20. 05. 2010, **Betreff:** Entfernung der Musikanlagen aus den Klassen, **Stadt:** 33188 Großdorf

2 **a.** *Diese Formulierungen solltest du markiert und so verbessert haben.*
Hallöchen: Sehr geehrter; voll relaxt: entspannt

3 *Die Behauptungen sind markiert, die Begründungen unterstrichen. Der Pfeil zeigt an, wo die eingekreiste Begründung stehen sollte.*
Sie haben uns aufgefordert, die Musikanlagen aus unseren Klassen zu entfernen, da diese das soziale Leben in der Schule beeinträchtigten.
Im Schülerrat stimmte die große Mehrheit gegen ihre Maßnahme.
Wir meinen, dass die Musikanlagen das soziale Leben fördern, weil dadurch alle die Lieblingsmusik der Stärksten in voller Lautstärke hören müssen.
Unser wichtigstes Argument ist, dass die Musikanlagen gut für unsere Bildung sind, weil wir in der großen Pause häufig Nachrichten hören. Ein weiteres Argument ist, dass wir mit Musik die Hausaufgaben nachmittags erfolgreicher erledigen, weil wir uns voll relaxt besser konzentrieren können.
Wir sind daher der Meinung, dass die Musikanlagen für das Lernen und für das soziale Leben wichtig sind, und bitten Sie, Ihre Entscheidung zu überdenken.

4 **a.** *Dieses Argument hast du bestimmt gestrichen:*
weil dadurch alle die Lieblingsmusik der Stärksten in voller Lautstärke hören müssen

b. *Dieses Argument könntest du gefunden haben:*
weil dadurch alle dieselbe Musik hören und sich dann darüber unterhalten können

5

Adrian Klasing (Schülersprecher) 20. 05. 2010
Wagenstraße 27
33188 Großdorf

An die
Schulleitung der Realschule Großdorf
Herrn Hagen
Große Straße 57
33188 Großdorf

Entfernung der Musikanlagen aus den Klassen

Sehr geehrter Herr Hagen,

Sie haben uns aufgefordert, die Musikanlagen aus unseren Klassen zu entfernen, da diese das soziale Leben in der Schule beeinträchtigten.
Im Schülerrat stimmte die große Mehrheit gegen Ihre Maßnahme.
Wir meinen, dass die Musikanlagen das soziale Leben fördern, weil dadurch alle dieselbe Musik hören und sich dann darüber unterhalten können.
Ein weiteres Argument ist, dass wir mit Musik die Hausaufgaben nachmittags erfolgreicher erledigen, weil wir uns entspannt besser konzentrieren können.
Unser wichtigstes Argument ist, dass die Musikanlagen gut für unsere Bildung sind, weil wir in der großen Pause häufig Nachrichten hören. Wir sind daher der Meinung, dass die Musikanlagen für das Lernen und für das soziale Leben wichtig sind, und bitten Sie, Ihre Entscheidung zu überdenken.

Mit freundlichen Grüßen

Adrian Klasing

Briefe überarbeiten, Stellung nehmen – Auswertung	
30–40 Punkte	Du hast schon viel gelernt. Weiter so!
18–29 Punkte	Du kannst es sicher noch besser. Übe weiter.
0–17 Punkte	Arbeite die Seiten 28 bis 33 noch einmal durch.

Der Kompetenztest – Gesamtauswertung	
206–280 Punkte	Du hast schon viel gelernt. Weiter so!
126–205 Punkte	Du kannst es sicher noch besser. Übe weiter.
0–125 Punkte	Probiere es noch einmal.